图书在版编目（CIP）数据

段永平传 / 王桂娟著 . -- 北京 : 团结出版社 , 2020.11
ISBN 978-7-5126-8289-4

Ⅰ . ①段… Ⅱ . ①王… Ⅲ . ①段永平—传记 Ⅳ . ① K825.38

中国版本图书馆 CIP 数据核字 (2020) 第 181719 号

段永平传

王桂娟 著

出　　版：团结出版社
　　　　　（北京市东城区东皇城根南街84号　　邮编：100006）
责任编辑：郑 纪
电　　话：（010）65228880
发　　行：（010）51393396
网　　址：http://www.tjpress.com
E － mail：65244790@163.com
经　　销：全国新华书店
印　　刷：三河市华东印刷有限公司

开　　本：140×210　1/32
印　　张：6.75
字　　数：170千字
版　　次：2020年11月第1版
印　　次：2024年10月第3次印刷

书　　号：ISBN978-7-5126-8289-4
定　　价：59.00元

为标杆企业立传塑魂

在我们一生中，总会遇到那么一个人，用自己的智慧之光、精神之光，点亮我们的人生之路。

我从事企业传记写作、出版16年，采访过几百位企业家，每次访谈我通常会问两个问题："你受谁的影响最大？哪本书令你受益匪浅？"

绝大多数企业家给出的答案，都是某个著名企业家或企业传记作品令他终身受益，改变命运。

商业改变世界，传记启迪人生。可以说，企业家都深受前辈企业家传记的影响，他们以偶像为标杆，完成自我认知、自我突破、自我进化，在对标中寻找坐标，在蜕变中加速成长。

人们常说，选择比努力更重要，而选择正确与否取决于认知。决定人生命运的关键选择就那么几次，大多数人不具备做出关键抉择的正确认知，然后要花很多年为当初的错误决定买单。对于创业者、管理者来说，阅读成功企业家传记是形成方法论、构建学习力、完成认知跃迁的最佳途径，且越早越好。

无论个人还是企业，不同的个体、组织有不同的基因和命运。对于个人来说，要有思想、灵魂，才能活得明白，获得成功。对于企业而言，要有愿景、使命、价值观，才能做大做强，基业长青。

世间万物，皆有"灵魂"。每个企业诞生时都有初心和梦想，但发展壮大以后就容易被忽视。

企业的灵魂人物是创始人，他给企业创造的最大财富是企业家精神。

管理的核心是管理愿景、使命、价值观，我们通常概括为企业文化。

有远见的企业家重视"灵魂"，其中效率最高、成本最低的方式是写作企业家传记和企业史。企业家传记可以重塑企业家精神，企业史可以提炼企业文化。以史为鉴，回顾和总结历史，是为了创造新的历史。

"立德、立功、立言"，这是儒家追求，也是人生大道。

自2011年以来，我所创办的润商文化秉承"以史明道，以道润商"的使命，会聚一大批专家学者、财经作家、媒体精英，专注于企业传记定制出版和传播服务，为标杆企业立传塑魂。我们为中海油、通用技术、招商局、华润、美的、阿里巴巴、卓尔、用友、光威、德生等近百家标杆企业提供企业史、企业家传记的创作与出版定制服务。我们还策划出版了"世界是部商业史"系列、"全球财富家族系列"、"中国著名企业家传记"系列等100多部具有影响力的图书作品，部分作品版权输出到日本、韩国等国家及我国港澳台地区，堪称最了解中国本土企业实践和理论体系、精神文化的知识服务机构之一。

出于重塑企业家精神、构建商业文明的专业精神和时代使命，2019年初，润商文化与团结出版社、曙光书阁强强联手，共同启动中国标杆企业和优秀企业家的学术研究和出版工程。五年来，为了持续打造高标准、高品质的精品图书，我们邀请业内知名财经作家组建创作团队，进行专题研究和写作，陆续出版了任正非、马云、雷军、董明珠、段永平、张一鸣、王兴、钟睒睒、曾毓群、王卫等著名企业家的 30 多部传记、经管类图书，面世以后深受读者欢迎，一版再版。

今后，我们将继续推出一大批代表新技术、新产业、新业态和新模式的标杆企业的传记作品，通过对创业、发展与转型路径的叙述、梳理与总结，为读者拆解企业家的成事密码，提供精神养分与奋斗能量。当然，我们还会聚焦更多优秀企业家，为企业家立言，为企业立命，为中国商业立标杆。

一直以来，我们致力于为有思想的企业提升价值，为有价值的企业传播思想。作为中国商业的观察者、记录者、传播者，我们将聚焦于更多标杆企业、行业龙头、区域领导品牌、高成长型创新公司等有价值的企业，重塑企业家精神，传播企业品牌价值，推动中国商业进步。

通过对标杆企业和优秀企业家的研究创作和出版工程，我们意在为更多企业家、创业者、管理者提供前行的智慧和力量，为读者在喧嚣浮华的时代打开一扇希望之窗：

在这个美好时代，每个人都可以通过奋斗和努力，成为想成为的那个自己。

"中国著名企业家传记"策划人、主编

把成功与失败进行淋漓尽致的总结

在总结任正非成功经验的时候，人们发现了这四句话：行万里路，读万卷书，与万人谈，做一件事。所谓的"与万人谈"，就是任正非阅读大量世界上成功企业的发展历史的书籍。他一有机会就与这些公司的董事长、总经理当面进行交流请教，并把这些成功的经验用于华为的运营，这就使得华为也成为一个成功的企业。

在过去的十余年间，润商文化长期致力于系统研究中外成功的企业家，会集了一大批专业人士创作关于成功企业家的传记——著名企业家传记丛书。这是一件非常有意义的事情，这让"与万人谈"成为一件很容易的事。同时，这使得大家都能够从中了解到——这些企业家为什么成功？自己能从中学到什么？

因此，我觉得润商文化的这项工作是功德无量的。这些成功的企业家，就是中国经济史上一个个值得称颂的榜样。

湖北省统计局原副局长

民进中央特约研究员

叶青

长期主义的坚守者，本分哲学的践行者

段永平已经很多年没有公开露面了。在网络搜索他的照片，出现频次最高的还是那张在央视黄金资源广告招标会上，高举 007 号码牌的"标王"段永平。

这并不妨碍公众尤其是投资爱好者对段永平的长期关注。步步高、OPPO、vivo 的重大节点上，拼多多上市时，网易股价上涨时，茅台市值破万亿及破两万亿时……资本市场的高光时刻，段永平都会化身"隐秘大佬"，被浓墨重彩地书写一番。

我在做企业史研究时，曾阅读诸多有关段永平的报道。作为"小霸王之父"，段永平是中国电子科技类产品的启蒙先驱，爆款产品的开创者与引领者。做产品，小霸王学习机、步步高学生电脑、步步高VCD、MP3、复读机、无绳电话、点读机等产品家喻户晓。做营销，是段永平更擅长的事，请成龙代言"望子成龙小霸王"、在央视连年夺"标王"等举动，都为爆款产品做了有力加持。做渠道，不论是小霸王时代还是步步高时代，段永平最擅长的就是聚集全国各级代理商。为此，段永平拿出其他公司想都不敢想的诚意：在步步高的全员持股方案中，

各级代理商也均在此列。

打造一个品牌最重要的三点：产品、营销、渠道，段永平一个都没放过，且每一环都打得漂亮，堪称产品经理中的典范。20世纪90年代，短短10年间，段永平打造的品牌引领了一代人对初代科技产品的启蒙。

2001年，段永平却为爱急流勇退，定居美国。离开中国的20年，正是中国互联网科技蓬勃发展的20年，是段永平不曾参与的20年。但与他相关的中国互联网科技公司却大放异彩：OPPO、vivo在全球市场大获成功，步步高系列电子产品在学生群体的龙头地位，拼多多创业3年上市后市值过千亿，极兔速递像一只极速奔跑的兔子颠覆快递行业……这些公司背后的老板，如OPPO创始人陈明永、vivo创始人沈炜、小天才创始人金志江、拼多多创始人黄峥、极兔创始人李杰，他们都有一个共同的标签：与段永平亦师亦友的"门徒"。一个企业家的迷人之处在于，他不在江湖，但江湖上处处都有他的传说。

段永平的成功，归根结底是六个字：会做人、会办事。

对人——段永平隐退后，为什么会有那么多元老级的跟随者？各级代理商为什么偏爱步步高？步步高的员工为什么都称段永平为"阿段"？皆是因为段永平为人厚道。待人厚道，就会把朋友搞得多多的，就会吸引更多的同行者，就会获得更多的拥护与支持。所以，朋友多了路好走，生意也好做。

对事——段永平有清醒的自我认识，他不是一个善于颠覆的人，但却是一个善于韧性创新的人。因此，别人成功都是"敢为天下先"，而他是"敢为天下后"。他说："跟世界级的大公司相比，我们那点儿实力很难开发新产品，所以我首先看国外大企业在做什么产品，而且要看什么产品好卖，然后我再决定做什么，这样成功的概率要大得多。"

的确，新领域或者新产品的开路先锋往往会背负更多。一旦自主研发，就要涉及市场需求的培育、消费者的认可度、质量等诸多问题，而且这一过程往往会极其漫长、成本极高，是大部分企业尤其是创业公司无法承受之重。

在中国初代科技产品进入百姓家时，人们的认知还没有达到创新的维度。那时候，品牌美誉度辐射到哪儿，哪儿就是这个品牌的天下。"敢为天下后"也是时代的选择：20世纪90年代，时代选择了小霸王、选择了步步高，如今，电商已经是"血海"，但时代依旧选择了拼多多。

这也印证了段永平"敢为天下后"的打法："我们一定要先看看市场，再看看竞争对手。当我们觉得自己有实力、有能力，并且可以打败竞争对手以后再进入，然后才可以将它做到最好，树立起自己的品牌知名度和美誉度，争取到相应的市场份额。"

作为半个中国互联网科技公司起起伏伏的见证者，曾经有人这样评论段永平："用'平常心'回归原点思考，然后选择正确的事情；再用'本分主义'，把事情做正确。"

的确，段永平在为数不多的几次与媒体对话时，常说的两个字就是"本分"。在我看来，"本分"就是对长期主义的坚守和稳健主义的践行。这两种优秀的品质，在段永平人生的下半场，表现得特别明显。

作为投资人，段永平投资茅台、苹果、网易等企业，主要看两点：生意模式和企业文化。"这两样东西中，任何一样我不喜欢就不会再继续看下去，所以我不看不懂的公司，也不需要懂我不感兴趣的公司。"

段永平是巴菲特的忠实信徒，他坚信巴菲特的价值投资理念，不投机，不投自己看不懂的领域，对确定的机会会重仓出击，长线持有。

2012年，苹果市值一度高达3000亿美元，段永平却重仓抄底苹果。他大胆预言，苹果可能会成为市值过万亿美元的公司。6年之后，苹果股价创下207.05美元历史新高，苹果公司也成为全球首个单市场突破万亿美元的公司。

2014年，段永平买入茅台，有人问他什么价格入手合适，他说："现阶段以130、160还是200买，从长远来看都没差别，茅台现在市值才1000多亿，以茅台的质量文化和生意模式，迟早会挣到300亿（利润）。"2018年6月6日，茅台市值突破万亿大关。2020年，茅台市值突破两万亿。

屡屡能抓住市场的大机会，绝非简单的运气，而是因段永平信仰"价值投资"理念的力量，这其中最重要的两个因素，就是稳健主义和长期主义。

在当今时代，大众创业、万众创新，一切都是新鲜刺激的，商业模式也越来越新奇有趣。年轻人尤其跃跃欲试，勇闯潮流。段永平的人生经历，或许可以给年轻的你们一些启发，以榜样创业者的核心理念，去影响未来一代人的创业生涯。

这部传记描写了一个人如何用10年的光景连续打造出影响每一个中国家庭的爆款产品，缔造出影响至今的商业奇迹，然后又是如何在人生的下半场，以投资的理念看世界、看未来、看人生。

所以，我相信段永平的故事足以打动每个年龄层的读者，以他的人生经历启迪读者，不论是精神上还是物质上，都会对读者有所启发。

目　录

第七章　反其道而行之

第八章　后段永平时代

第九章　青出于蓝

第十章 大道无形

附录

第一章

逆流而上

　　风靡全国的下海热自然也涌入了象牙塔内，"手术刀不如剃头刀，造导弹不如卖茶叶蛋"等顺口溜开始在民间流传，创业浪潮不可阻挡地滚滚向前。段永平和同学谈论最多的也是市场经济、新的财富价值观等改革开放后的热门话题。对于这股经济热潮，段永平很心动，他常说："什么时候我们也火一把。"

第一节 高考 1977：圆梦浙大

1961 年，"大饥荒"的阴霾还未完全散去，但是在很多人心中，为新中国建设贡献力量的热情丝毫未减，这其中就有段锡明和彭建华夫妇。这一年，他们刚刚调入江西水利电力学院（现为南昌工程学院），在三尺讲台上为新中国的水利事业培养更多人才。也是在这一年，他们的儿子出生了。或许是为了寄托一种美好愿望，他们为这个孩子取名段永平。

段永平在大学校园里度过了无忧无虑的幼年时光。1966 年 5 月 7 日，毛泽东主席作出重要指示，他要求全国各行各业都要办成一个大学校，学政治、学军事、学文化，既能从事农副业生产，又能办一些中小工厂，生产自己需要的若干产品和可等价交换的产品，同时也要批判资产阶级。这封信后来被称为"五七指示"。

为响应"五七指示"的号召，段锡明、彭建华夫妇离开了大学校园，主动申请去革命老区井冈山下的农村接受贫下中农再教育。随父母下乡的段永平开始进入小学就读。这是一所复式学校，一到三年级集中在一个教室里上课，教室很破烂，所学课程并非语文、数学、外语等基础知识课，而是农机课、气象课、赤医课等与农业农村息息相关的技能课。

当然，学习《毛泽东选集》更是重中之重，一向好学上进的段永平是"学毛选积极分子",对《毛泽东选集》的内容如数家珍,加之身处井冈山这一红色地区,当时他的心里总是重复一句话:井冈山道路通天下,毛泽东思想照全球。

那个年代,全民都投入到生产建设的大潮中,"劳动最光荣"是每个人心中最坚定的信念。在这种氛围里,学校里的劳动课也十分接地气。小学四年级时,学校的劳动课就是上山砍柴。一群九岁十岁的孩子,早上四五点就得起床,徒步走十公里到深山里去砍柴,中午饿了就吃点儿干粮,砍完柴还要自己从山上背回来。对于肩膀还很稚嫩的段永平来说,下山的最后几里路是最难熬的,身体像是散了架的机器,全凭"坚持就是胜利"的信念支撑着幼小的身体一步一步捱到家,此时已经是晚上八九点了。

回忆这一段特殊经历时,段永平并没有任何抱怨,相反,他很庆幸出生在那样一个特殊的年代,有过这样与众不同的童年。他曾回忆说:

> 我们这一代既不幸又万幸,双营养(物质和知识)不足,但意志非常坚定。如今的新生代从受教育程度、视野、技能培训方面比我们强,但吃苦这一点需要补课。[1]

即便如此,小孩爱玩的天性仍然不曾泯灭。一到放学,段永平就和小伙伴们一起到河里捞鱼摸虾,用小石头打鸟、打别人家的鸽子、打别人家的窗子,几乎百发百中,弹无虚发。不仅如此,他小小年纪,扔手榴弹的技术也是一流,能扔到 60 多米外,惹得邻居都怕了这个小"神枪手"。

---

[1] 段永平:本色英雄 ——《赢周刊》采访全手记,https://bbs.pinggu.org/forum. php? mod=viewthread&tid=7343892&page=1,2019 年 9 月 28 日。

十年动乱，上山下乡、盲目批斗、劳动改造……很多年轻人被一种狂热思想所支配，学校的正常教育被中断，书籍与知识已被抛诸脑后，高考也再度中断。

直到1977年，一代人甚至一个国家的青春再次被"高考"二字点燃。在改革开放的洪流即将奔涌之际，因"文革"关闭了11年的高考闸门终于重新开启，一代人的命运由此出现转折，百废待兴的中国焕发新生。与所有当年的幸运者一样，段永平的人生也就此发生了转折。

1977年7月召开的十届三中全会，一致通过了《关于恢复邓小平同志职务的决议》，邓小平重新出山，并主动要求分管教育科学工作。8月4日至8日，邓小平邀请30多位著名科学家和教育工作者参加座谈会，会上他一锤定音：当年恢复高考。

听到这个消息，全国的知识青年都沸腾了，段永平也是其中一个。尽管只有两个月的时间备考，尽管没有接受过任何系统、正规的基础教育，他还是决定去报考，碰碰运气，万一考上了呢？

1977年12月10日，全国570多万来自工厂、部队、农村的青年人怀着激动而忐忑的心情奔赴考场。由于准备仓促，加上报考人数大大超出预计，教育部门居然连印刷试卷的纸张都凑不齐。中央果断决定调用印刷《毛泽东选集》第五卷的纸张，尚未从"文革"中走出来的人们不难理解此举需要何等勇气！

经过紧张激烈的公平竞争，第二年春天，27.3万年轻人步入生机勃勃的大学校园。段永平却没能跻身在这些幸运儿之列，满分500分的考卷，他五门科目的总成绩只有80多分。

成绩出来的那一刻，说不难过肯定是假的，但是段永平清楚自己只是输给了时间。他收拾好心情，迅速转入下一次的高考备战中，而这一次给他的时间也只有五个月而已。这五个月里，他要学完整个中学的数理化，还要背政治，时间非常紧张，以至于他基本没时间复习语文。段永平觉得语文没有办法复习，自己也不知道从哪复习。他给自己定了目标，这是最后一次，只能成功，不能失败。那时候，段永平只有17岁，风华正茂，还有大把机会，为何要如此逼迫自己？但在那个时代，上大学就是全部。大学已然成为每一位有志青年挣脱命运枷锁的唯一捷径，段永平恨不得用一切时间和智慧来换取这张入场券。

有了如此强烈的意愿和目标，段永平的学习效率急速提升，每天的生活都因拼搏学习而变得十分充实。1978年夏天，当段永平再次走进考场时，已经没有了当初的忐忑与彷徨，浑身都是满满的自信，还有对未来的憧憬。对于这段超负荷学习的珍贵经历，他说："人只有在做自己喜欢的事情时，才能激发自己最大的潜力，才能享受过程。"

这一次，他每门课都考了80多分，取得了总分400多分的好成绩，顺利拿到了浙江大学无线电系的录取通知书，成为全班唯一考入本科的学生。接到心心念念的通知书的那一刻，段永平的内心却十分平静，他做事偏向实用主义，在完成考大学的人生目标之后，突然有了一种怅然若失的感觉。一时间，他陷入了迷茫、彷徨的萎靡状态，因为不知道接下来该走向何方。对于这段经历，段永平后来回忆说，这种感觉至少伴随了他几年，后来他经过不断探索，才感悟到：

> 追求目标的过程才是最重要的，而已经到手就不那么有意义了，当然爱情除外……不管怎样一定要有一个目标，要知道自己想干什么，当做到了时会觉得很开心。[1]

随着大学生活的深入，段永平的知识层面与眼界格局得到极大提升，初入大学时的迷茫感逐渐消失，同时也越来越深刻地意识到大学

---

[1] 摘自段永平在北京大学总裁班的演讲，2005年。

是一个卧虎藏龙的地方，比自己厉害的同学到处都是，而他能做的就是汲取更多知识。

在读书这件事上，段永平有自己的看法。那个年代，华罗庚、陈景润等数学家深受大家敬仰，很多人为实现儿时的科学家梦想而埋头苦读。段永平对科研学术并无太多兴趣，他自认为不可能成为下一个科学家，所以并没有在科学技术领域耗费太多精力。因此，大学期间，他上自己感兴趣的课，读对自己有用的书。因为有兴趣，所以很容易记住，即便有些是必修课，只要自己不感兴趣，他也不会为了学分而强迫自己去听。他说："文凭于我根本就不重要，重要的是能不能学到实实在在而又实用的知识。"[1]

如此"务实又随性"的态度，让段永平看待事情的角度变得很独特，无论是学习还是后来工作时，他都表现得既专注又谨慎，既不盲从潮流又善于发现自身优势。

---

[1] 段永平：我为什么要去读书？《战略与管理》，2001年第8期，第28页。

第二节 砸掉国企"饭碗"

作为高考恢复后第二批高材生，段永平毕业后的去向不用发愁，由国家统一分配工作。值得一提的是，这两届的大学生很特殊，他们是在十年文化断裂中依然坚持学习的人，他们普遍有一种"知识饥渴症"。所以，他们在考上大学之后，会抓住一切机会，汲取知识，给自己充电。因为这不仅仅在于打败了全国 90% 以上的人，更在于高考恢复的背后所代表的重要意义：他们可以通过自己的努力改变现有的处境，所以更会铆足劲地学习。

无怪乎有人评论道："不会再有哪一届学生像 77 级、78 级那样，年龄跨度极大，而且普遍具有底层生存经历。不会再有哪一届学生像 77 级、78 级那样，亲眼看到天翻地覆的社会转变，并痛入骨髓地反思。不会再有哪一届学生像 77 级、78 级那样，以近乎自虐的方式来读书学习……这就注定了 77 级、78 级要出人才。"[1]

他们中的一些人对未来中国的企业发展起了十分重要的作用，后来威震中国家电行业的创维集团董事长黄宏生、康佳集团掌门人陈伟荣以及 TCL 董事长李东生，三人都在 1978 年春天成为华南工学院无线电系无线电技术专业的一员，而且在同一个班。鼎盛之时，他们掌管的三家公司的彩电产量占全国总产量的 40%，故而被业界称为"华

---

[1] 刘海峰：77、78 级大学生的命运与作为，《光明日报》，2012 年 7 月 25 日。

工三剑客"。

此时段永平还未完全展露出他的经营才华。因为专业的关系，毕业后他被分到北京电子管厂（774厂），这是一家走在中国电子工业前列的科技型国企，同时也是当时亚洲最大的电子管生产企业，光员工就有近1万人。北京著名的798艺术区就是由北京电子管厂旧址改建而来的，其规模可见一斑。

企业大是一方面，另一方面是身为外地人的段永平还获得了额外福利——北京户口，这是许多人梦寐以求的事情。也正是基于此，北京电子管厂虽然给的待遇不高，却集聚了众多人才。只是这里的氛围不太好，"大家都觉得自己很能干，大家都觉得自己待遇低，可是大家什么都不干"。[1]

当大部分人随波逐流、碌碌无为时，有一部分心怀梦想的人选择了奋斗，其中有两个人后来成为中国工业史上的标志性领袖人物，一位是段永平，另一位是和他一同进厂的王东升——京东方集团创始人。

不过，王东升是带着光环进来的，他被时任总会计师原孝钟挑过来担当重任，而段永平只是电子管厂众多工人中的普通一员。

即便没有王东升那样耀眼的背景，段永平依然是很多人眼中的幸运儿，毕竟电子管厂是当时国企中的龙头，进入这家企业就相当于有了衣食无忧的"铁饭碗"。然而，科技的发展速度之快令人猝不及防，上一秒还是勇立潮头的弄潮儿，下一秒就是被时代的浪潮拍打在沙滩上的咸鱼了。

20世纪80年代的北京电子管厂也面临这一困境。随着半导体集成电路技术的发展，电子管厂赖以为生的关键技术正迅速地被时代抛弃。而厂领导并没有意识到发展半导体技术的重要性，错失了转型良机。

---

[1] 刘洲伟：段永平 不做"小霸王"，《中国企业家》，1998年，第12页。

更重要的是，随着改革开放的深入，国家财政的节流导致军品订单大幅下降，而电子管厂此前最重要的"甲方"就是军工单位，国家政策的变化让它失去了赖以生存的依靠。所以，当段永平进入这家大国企时，它曾经的荣光已经慢慢消散，衰败是它难以扭转的命运。

然而，身处其中的很多职工却没有任何危机感。在接受分配之前，段永平也没料到曾经赫赫有名的国企已经沦落到如此境地，毕竟他只是一个刚毕业的、没有任何背景和后台的工科生，从江西农村漂到杭州，又被国家分到了北京。当然，即便电子管厂遇到了严重的发展困境，给段永平的待遇也不高，但是能在这种大型国企工作，其所代表的社会地位是那些私企所不能媲美的，尤其是对于那些渴望得到认同的北漂。所以，段永平在这里就就业业地工作了四年。

1985 年，电子管厂已经连续好几个月不能按时发工资了。这一年，段永平最终下定决心辞去工作。即便电子管厂已经不能按时发工资了，周围的人对段永平辞职的决定还是很不理解。毕竟，对于一个不能拼爹拼妈、没有多少钱的年轻人来说，再去找一个这样的大国企谈何容易。这些人的担心正是段永平辞职的理由："在找工作的时候，总是听说谁是谁儿子，我就想，我是谁的儿子？"段永平深知能靠的只有自己，只有让自己更加强大，才能不被社会洪流淹没。

第三节　南下佛山

20 世纪 80 年代的中国，从国家到每一个个体，都经历着前所未有的变化，人们从思想禁锢中解放出来，迅速分享到改革开放、市场经济带来的红利。或许是经历了太长时间的物资匮乏、经济疲敝，改革开放刚刚开始，市场经济的快速繁荣就创造了一个新的自由空间，下海创业成为潮流。

1985 年，果断从体制内辞职的段永平并没有急着去找下一份工作。身处风起云涌的 80 年代，他看到了市场经济发展带来的巨大红利，自己的人生是否会因大环境的变化而有天翻地覆的改变呢？此时，段永平还不能给出确定的答案，但是他知道，仅凭自己现有的工科背景还无法在汹涌的经济大潮中扬帆远航。

虽然段永平常常自称不爱读书，很少深入地看完一整本书，他讲究的是"好读书不求甚解"，他更在意的是书中观点，只要把其中的观点记住了，论据、事例之类的不看也没有太大关系。也许正是善于抓大放小，让他总能在短时间内通过知识的累积完成预定的目标。

经过将近一年的准备，1986 年，段永平顺利考入中国人民大学经济系，攻读计量经济学硕士学位。经济系的课程一向很多，这对于"不爱读书"的段永平来说可能有些痛苦。不过，课堂上的很多西方经济学知识，让段永平对资本、市场、经济等有了更深层次的认识。

风靡全国的"下海热"自然也涌入了象牙塔内，"手术刀不如剃头刀，造导弹不如卖茶叶蛋"等顺口溜开始在民间流传，创业浪潮不可阻挡地滚滚向前。段永平和同学谈论最多的也是市场经济、新的财富价值观等改革开放后的热门话题。对于这股经济热潮,段永平很心动,他常说:"什么时候我们也火一把。"

1988 年 7 月,段永平即将研究生毕业,他不喜欢写论文,也不愿意请别人代劳,干脆就不要学位了。所以,他成了班上唯一一个没拿到学位的人。当时学校规定,毕业一年后,只要答辩通过了,还可以拿到学位证书,段永平却放弃了这次补救机会。在他看来,文凭只是一张纸,学到的知识才是最重要的。

毕业后段永平再次面临就业问题。当时,中国人民大学与清华、北大相媲美,经济系人才济济,但大部分人选择进国企或是政府机关。段永平与众不同,他决定自己掌控人生命运,再次做出惊人之举。

在那个大学生都是天之骄子的年代,研究生绝对是稀有的高学历人才,不管进国家机关还是大型国企都很容易。即便没有学位证,段永平找工作时,依然有不少单位抛出橄榄枝,甚至许诺多少年内保证能当上处长、多少年内能分房子。

这些在当年都是极为诱惑的条件,段永平并不感兴趣,他甚至不想留在北京。

有人说:"丢了北京户口多可惜啊!值一万多呢!"

段永平笑着说:"以后想要了,再花一万多买一个就是了!"

这并非段永平狂妄自大,而是他很早就对人生有清晰的认识和规划,他说:"我这种人在北京的成功概率不会大,这里不太适合我,我想到思想开放、急需人才的南方去。"[1]

全国改革开放最火热的地方非广东莫属。作为"改革开放的摇篮",广东走在了建设有中国特色的社会主义市场经济的前列,当时有句传遍全国的流行语,"东西南北中,发财到广东",其经济繁荣程度可见一斑。

---

[1] 段永平:低调大佬,摘自龙源期刊网,2019 年 5 月。

在摸着石头过河中艰难成长起来的广东老板们逐步意识到，过去那种只凭一腔热血就可以打天下的时代已经过去了，未来的市场竞争只会愈演愈烈，比的不仅是资金、胆识，更是专业技术和经营管理的与时俱进、人才的竞争。于是，"不拘一格抢人才"成了一股潮流，这也吸引着数以百万计的"段永平"们放弃原有的优渥条件，到此开辟另一番天地。据统计，改革开放以来，广东是全国唯一一个人口净流入大于净流出的省份。[1] 人才的大量涌入成就了广东，广东生产的各类商品畅销全国，很多成为人们生活中的必需品。自由、宽松的环境也成就了段永平。

毅然南下的段永平并没有去最热门的广州或深圳淘金，而是去了佛山这样一个小城市，选择了佛山无线电八厂，做回了老本行。如今无线电八厂早已被科技洪流所淹没，但是在八九十年代，这家工厂可谓明星企业，生产的"星河牌 880 组合音响"在 1987 年获得了波兹南国际博览会金奖，这是中国电子工业产品第一次获得国际金奖，后来，这套音响设备还被作为国礼，送给外国领导人。

无线电八厂能够成为明星企业，关键在于不惜一切代价"抢人才、挖人才"。为了拓展业务、向跨国公司这一目标挺进，无线电八厂在全国开展了一场"不拘一格抢人才"活动，承诺只要是愿意来厂里工作的大学生、技术人员，可以落户，还答应解决住房和安排家属工作等。短短几年时间，无线电八厂的高学历人才不断增加。据统计，在 1300 余名职工中，有 600 多名是大中专院校毕业的，从 1987 年到 1993 年，来自清华等名校的大学生就有 60 多个，这里边不仅有工科学生，还有文科学生。

段永平就是在这种背景下加入了无线电八厂。当时，厂里的员工总共有几百人，却有 100 名本科生、50 名研究生。在人才如此密集的单位，一般人很难找到机会突出自己，很多人发现没有用武之地。当

---

[1] 刘洲伟：段永平不做"小霸王"，《中国企业家》，1998 年第 4 期，第 12 页。

越来越多的人闲下来时，牢骚、抱怨就多了。虽然大家都想辞职另谋出路，但又下不了决心。

段永平再次决定离开，他明白这里也不是能做事的地方，就果断辞职了。两年后，当段永平做的"小霸王"名扬全国时，当年和他一起进入无线电八厂的很多人仍然没有走，因为眼前的诱惑继续留下来。虽然大家都不满意，很多人都想走，但除了段永平，只有一个人离职。我们并不能就此评说这些安于现状的人不对，只是想问：在还能奋斗的年纪，是否更应该向着梦想去闯一闯？

别人做不到的事，为什么段永平做到了，而且做得十分成功？那是因为无论做什么事，他都坚持"止错清单"（Stop Doing List）思维，他说：

> "Stop Doing List"没有 shortcut（捷径），要靠自己去积累，去攒，去体悟。stop doing 就是发现错，就要停，时间长了就效果很明显。很多人放不下眼前的诱惑，30 年后还在那儿。错了一定要停，要抵抗住短期的诱惑。[1]

对此，段永平举过一个很形象的例子：你去机场接人，在停车场交了一小时费用，但要接待的人提前来了，你是否要继续把剩下的时间耗完才走？

很多人找借口，说"我没有找到更好的机会"，其实是他们没有停止做不对的事情的勇气。"止错清单"思维就是要求发现错了就要马上停，不然两年后可能还是待在那个不好的地方。段永平说："我一直想的是长远的事情。很多人都是在眼前的利益上打转，他 30 年后还会在那儿打转。"

下一站，段永平去了距离佛山 80 余公里的中山市，顺利进入怡华集团旗下的日华电子电器设备厂，开启了他的创业人生。

---

[1] 段永平连答 53 问，核心是"不为清单"，https://mp.weixin.qq.com/s/nlArte88OAXB2u--_MkBwA，2018 年 10 月。

第四节 小厂蛰伏

一个刚毕业不久的穷学生，裸辞需要极大的勇气，毕竟当时国企的待遇并不高。段永平几乎没什么积蓄，如果不能很快找到工作，温饱都将成为问题。

即便如此，段永平还是咬牙买了车票，来到了80公里外的中山市，此时，他兜里的钱已所剩无几。几经辗转，他去了中山市的怡华集团面试。这家1978年成立的公司业务覆盖旅游、贸易、工业、文化等多个领域，在当时中山市属企业中实力排名第三。

大公司的面试战线都比较长，不过，段永平格外珍惜这个机会。节衣缩食地度过了一个月之后，他终于接到了面试的通知。当天，他见到了时任怡华集团总经理的陈健仁。非常有冒险精神和魄力的陈健仁对比自己只小了几岁的段永平十分赏识，亲切地称他为"阿段"（广东人对人的习惯称呼多加"阿"字）。于是，作为刚入职的新员工，还没特别多管理经验的段永平被"说服"去了怡华集团下属的一个工厂——日华电子厂当厂长。

这并不是什么美差，反而是一个巨大的坑。段永平去了之后才知道，这是一个背负200万元巨额债务、濒临破产的小厂，当时账上资金只剩下3000元，算上生产线的工人总共只有十几个人，[1] 主要产

---

[1] 摘自段永平的网易博客，2014年4月。

品是已经被市场淘汰的大型电子游戏机。即便和想象中的状况有很大差距，但是段永平终于找到了用武之地，对于陈健仁的知遇之恩，他更是铭记于心。

在段永平到来之前，日华电子厂已经转行做贸易，因为那样赚钱比较快。段永平上任之后，摆在他面前的最大问题就是如何扭转公司业务方向，并找到更具潜力的新产品，以便让日华早日走出破产困境。很快，市场上正火的小型游戏机进入了他的视野。

20 世纪 80 年代最火的游戏机当属日本任天堂生产的一款家庭游戏机，因其外壳为红白配色，所以又被称为"红白机"。因玩法简单有趣，受到全球玩家的追捧。据统计，"红白机"上市不到一年，销量就超过了 300 万台，刷新了游戏产业的记录，其中一款著名游戏——超级马里奥，可谓是 80 后、90 后共同的童年记忆。

"红白机"风靡日、美时，国内市场却大门紧闭。由于关税壁垒，1985 年，"红白机"在中国的价格大概是 185 块左右，相当于那时一个普通工人 3 个月的工资。1993 年，一款正品"红白机"涨到了800 元左右，还得有关系才买得到。而每款售价两三百元的正版游戏，则彻底扼杀了更多家庭的购买欲，所以，其国内市场一直没怎么打开。

在巨大市场需求下，众多"红白机"的仿制品纷纷涌入市场。当时，生产游戏机的厂家比现在生产手机的厂家还多，产品质量自然良莠不齐。

段永平看到了其中的巨大商机，但是作为后来者，如何从众多竞争者中脱颖而出，尤其自己带的还是一个濒临破产的小工厂？段永平在分析了游戏机市场后，认为：

虽然上游戏机的时间晚了点儿，但别的企业大都是组装型的，什么产品好卖就组装什么，如果能创出自己的牌子，必能在市场上有长久的生命力。[1]

当时，在众多效仿"红白机"的企业中，我国台湾企业最为出名，无论是技术还是品牌，都位居前列。因此，段永平租了一个台湾的品牌——"创造者"，以此打开游戏机市场。

但是，1990年，这家台湾厂商背着段永平把同一品牌产品的包装盒又卖给了其他人，市场上出现了两个版本的"创造者"，日华游戏机的销量和信用受到极大影响。实际上，当时一个包装盒才一块多钱，为一点儿小利益，这家厂商便从此失去了段永平的信任。

这个意外情况让段永平意识到了品牌的重要性。但是如何为品牌起一个朗朗上口的名字，又让众人犯了难。一天，段永平跟几个朋友在吃饭的时候，说起给公司取名字的事。忽然，有人看到小霸王汽车，就提议道，不如叫"小霸王"。段永平觉得这个名字很好，既有个性也很容易让人记住，当即决定就用"小霸王"。为了避免重蹈覆辙，段永平还专门为"小霸王"设计了一个商标：两只撞在一起的红色拳头。它展现了"小霸王"的经营理念：一个拳头代表质量，另一个拳头代表售后服务。不过，在美工设计"小霸王"三个字的时候，遇到了点儿难题，因为"霸"字笔画太多，怎么设计都不太好看，尤其是进行后期推广时，在产品的传播性和独特性上都打了折扣。但是，大家也想不出更好的名字来，就一直沿用了"小霸王"一名。

1991年，段永平对工厂经营内容进行了重新规划，工厂主要从事教育类电子产品的开发研究、生产与销售，主推产品就是小霸王游戏机。但是，市场上的游戏机品牌多如牛毛，当时最畅销的是一款叫"小天才"的游戏机，无论价格还是质量都占有绝对优势。那么，如何让"后来者"——小霸王冲出重围，迅速占领市场呢？

---

[1] 吕萍：段永平 品牌之王，《国际人才交流》，1999年第12期，第37页。

对此，段永平并没有急功近利地去打价格战，在他看来，"守住本分"才是制胜关键，而"本分"的关键就是产品质量。从"小霸王"诞生的第一天起，段永平就将质量放在了第一位。从生产、销售、售后各个环节，段永平都要求做到同行业最优。以游戏机的芯片为例，当时，国内游戏机大部分是采用进口的芯片散件组装而成，有些品牌的返厂维修率高达 30%，而"小霸王"无论产量多火，都把返修率牢牢地控制在 2% 以内。[1]

在市场面前，段永平信奉的始终是"敢为人后，后中争先"。在创业、展业时，并非一定要开前人未开之先河，毕竟那样带来的不确定性、风险性太大，不是一般人能够承受住的。更多时候，聪明的人选择敢为人后，坚持做对的事、把事做对、将对的事情做到极致，同样能开出一片大天地。

---

[1] 吕萍：段永平 品牌之王，《国际人才交流》，1999 年第 12 期，第 37 页。

第二章

打工皇帝

　　一直以来，段永平并没有将自己完全放在打工者的位置上，他
渴望的是做一位真正的企业家，把小霸王做成中国的松下，让公司
像滚雪球一样持续发展。

第一节 从山寨到品牌

对于追求利润的公司而言，有时候会有"酒香也怕巷子深"的无奈。为了增强产品的影响力，大多数公司会在广告上下足功夫，段永平也不例外。投放广告就要烧钱，在"小霸王"资金非常紧张的情况下，1991 年 6 月，段永平拿出 40 万元，在中央电视台打出第一条广告——"拥有一台小霸王，打出一个万元户"的有奖销售活动，称为"小霸王大赛"。这不仅是"小霸王"的第一条广告，也是同类产品中第一则在中央电视台播放的广告，而且其内容极具吸引力，当时的"万元户"基本相当于现在的上百万元了。广告的效果立竿见影，"小霸王"游戏机一炮而红。

在网络不甚发达的 90 年代，最权威、传播效果最好的媒体当数中央电视台。

"一台知天下，登台天下知"，作为全国受众最多、公信力最强的国家级电视台，央视吸引了无数厂商不惜重金投放广告。1991 年，央视《新闻联播》通过国际卫星频道走向世界，成为中国收视率最高、影响力最大的电视新闻栏目，这进一步巩固了央视的龙头地位。《新闻联播》与《天气预报》后的黄金时段也成为广告主们竞逐的最热门广告位。

除广告营销之外，小霸王的价格也极具优势。当年，市面上小霸王游戏机的品质和正版的"红白机"不相上下，但价格却只有"红白机"

的 1/3 左右。更重要的是，相比于两三百元的正版游戏卡带，小霸王的游戏卡带只要几十元一张，而且一个卡带可以装 8 款游戏。如此高的性价比，再加上广告营销，小霸王游戏机迅速登顶游戏机销售榜首。据公开报道，小霸王在 1992 年销售额超过亿元，净利润超过 800 万元。趁着"小霸王"的热度，日华电子厂正式更名为中山市小霸王电子工业公司。

尽管有了惊人的销量，小霸王也成了国内电子游戏机的领军者，但段永平敏锐地察觉到：电子游戏机终究是个消遣品。望子成龙的家长们最不愿看到自己的孩子玩物丧志。光卖游戏机，天花板太低。

到了 1993 年，中国的游戏机市场已趋饱和。正当段永平愁眉不展之时，他突然发现市场上开始涌起一股新的热潮——电脑热。对于新鲜事物，人都是有猎奇心理的，所以，电脑的市场潜力十分巨大。只是同游戏机一样，一台正品电脑动辄要上万元，让绝大部分家庭只能望洋兴叹。

对市场敏感的段永平看到了新商机。然而，如果是投入新生产线生产电脑，成本并不会很低。段永平想的是如何将游戏机与电脑结合起来，创造一个新卖点，生产一款兼具学习与游戏功能的产品。

段永平从全国各地招来数百名电子机械、计算机专业的人才，组成开发部；紧接着又花 20 万元从汉卡公司（王永民教授创办）购买了当时最先进的"王码五笔字型"汉字输入法，[1] 并在现有的小霸王游戏机上加装计算机键盘和电脑学习卡。为最大限度节约成本、更好地将产品推向市场，学习机的显示屏可连接到已基本普及的电视机上。"小霸王中英文电脑学习机"就此诞生，仿照电脑的型号设定，该学习机的型号定为 SB-218 型，它是小霸王第一代学习机，1993 年5 月正式推向市场。

---

[1] 刘洲伟：段永平不做"小霸王"，《中国企业家》，1998 年第 4 期，第 13 页。

比起上万元一台的电脑，一台小霸王学习机的价格只有两三百元。低廉的价格，可模拟电脑的使用感觉，更带有强大的游戏娱乐功能，这对于每一位使用者来说无疑具有极大的吸引力。一句"保你三天会打字"的广告词也让众多追赶"电脑热"的人纷纷将目光转向了小霸王。于是，小霸王学习机投放市场之后，大众的消费热情被彻底点燃，全国各地的订单如雪花般飞到小霸王公司。

能成为爆款，源于其过硬的质量。小霸王研发了"学习卡"以兼容键盘功能，充分利用"红白机"基板的功能，同时增加中文字库和音轨。用户只要插入"学习卡"，就能练打字、欣赏音乐、中英文编辑、BASIC 语言编程，等等。有评论说，在 Windows 引入国内前，小霸王的"学习卡"可谓性能最佳的个人电脑平台。甚至有人开玩笑说："学习机在半空中建造了一座平台，使中国人的电脑热提前实现了'软着陆'。"

同电脑一样，小霸王学习机也在不断更新换代。段永平一向惜才爱才，对小霸王开发部的 5 位技术大咖廖志平、邹文高、黄一禾、赵强和李文造重视有加。当时开发部是最核心部门，员工工资全公司最高，这 5 位大咖的工资更是高不见顶，据传每人光年终奖金就有 10 万元人民币，从侧面反映出开发部及技术人才在小霸王的地位之高、待遇之优。公司其他员工对这其羡慕有之，却没有人对此存有异议。整个企业文化十分正向，大家关心的始终是产品的质量和公司的发展。

在企业文化和高薪的激励下，小霸王的更新迭代也随之加快，使用导电橡胶按键的 218 型号被替换成了弹簧按键的 286 型号。1994 年2 月，小霸王正式推出了游戏机、学习机二合一的学习机，被称为第二代学习机，真正实现了学习游戏的融合。当时恰逢 486 电脑亮相，段永平顺势将其学习机型号也定为 SB—486 型。该款学习机增加了五笔字型打字游戏、三级字库、词组联想、浮点——BASIC，并且配有打印机接口。

不仅如此，第二代学习机还增加了《英语词霸》。后来，《英语词霸》还通过了国家教委的认证，甚至成了日后无数学习机配套学习软件的标准。

精准的用户定位、贴心的产品设计、亲民的价格，再加上朗朗上口的广告语，让小霸王在 1994 年迎来了真正的高光时刻。也正是因为做得太优秀，曾经以仿制起家的小霸王也遭遇了严重的山寨问题。为此，小霸王不惜投资 200 万元，通过有声商标这一新形式帮助消费者辨别真伪。

第二节 好的广告是成功的一半

虽然段永平多次表示，光靠营销是做不长久的，然而，就推广速度来说，广告无疑是最快的营销途径。1993 年，为了更快打开全国市场，在中央电视台一位朋友的提示下，段永平为小霸王学习机量身制作了一段神曲——小霸王版的《拍手歌》："你拍一，我拍一，小霸王出了学习机；你拍二，我拍二，学习游戏在一块儿；你拍三，我拍三，学习起来很简单；你拍四，我拍四，包你三天会打字；你拍五，我拍五，为了将来打基础。"

仅仅 30 秒的时间，却完美呈现了小霸王学习机寓教于乐的特质。《拍手歌》本就深入人心，在那个儿歌相对匮乏的时代，段永平的这招"移花接木"，使得广告词更为简单易记，同时他再次花重金将广告投放在了中央电视台的黄金时段。一时间，这段神曲迅速火遍大江南北。而这则广告成本之低、效果之好，也让广告界目瞪口呆，成为经典营销案例。

所以当小霸王第二代学习机上市后，段永平继续沿用《拍手歌》的形式，只是做了部分更新，变成了："你拍六，我拍六，小霸王出了486；你拍七，我拍七，新一代的学习机；你拍八，我拍八，电脑入门顶呱呱；你拍九，我拍九，21 世纪在招手。"。

随着新产品的上市，段永平开始寻找小霸王SB-486的形象代言人。

段永平一贯坚持"要找就找最好的"。他心中理想的人选，一个是影帝姜文，一个是香港影坛老大成龙。选谁比较好，他还没有确定答案，一次偶然的机遇，帮他确定了下来。

1994 年 9 月，段永平在香港参加一个电脑博览会，恰好成龙也过来参观。在段永平向前来参观的人展示小霸王中英文电脑学习机的功能时，正巧碰到了成龙。

众所周知，成龙读完一年级就辍学了，后来师从丁占元，学起了戏剧表演，再后来就是拍电影，至今还是个电脑盲。

原本他是想来看看这些"新产品"，只是那厚厚的说明书、复杂的程序，让他望而却步。经过段永平的演示，成龙发现小霸王的产品确实如广告所说"操作起来很简单"。成龙曾经吃过不少不懂英语的亏，对段永平和小霸王产品好感倍增。两人一见如故，段永平跟成龙提到了小霸王的推广问题，成龙当即说："好东西就应该大家分享"，他十分愿意为小霸王拍这则广告。段永平还特意送了成龙一台学习机，让他回去好好体验一下。

得到成龙的允诺，段永平心里有了底，当即打电话给同属怡华集团的怡华广告公司经理李光斗，让他和成龙经纪人陈自强联系，沟通具体事宜。

从 1994 年 8 月开始，双方就合作细节开始了漫长的沟通。因为相隔较远，双方主要是通过传真进行商讨，李光斗说，当时几乎每一天都要和成龙影业公司往返一次传真。

对于双方合作形式，李光斗提出由小霸王为成龙慈善基金会义务筹款，成龙则为小霸王义拍广告。这一提议也得到了成龙影业公司的认可。一点小创新为小霸王节约了巨额成本。

最难敲定的莫过于广告内容。李光斗认为，真正的广告不是"明星＋口号"式的硬推销，而是"使明星和产品之间建立一种自然而然的联系，使观众看到明星就想起产品，看到产品就能想起明星"。[1]

---

[1] 李光斗：小霸王学习机的广告策划，《科技智囊》，1997 年第 7 期，第 56 页。

他和成龙影业公司沟通数次未果。最后，还是段永平站出来一锤定音："望子成龙是现成的东西，为什么不用？"[1]

在小霸王公司广告部的集思广益之下，"望子成龙"成功糅合到了广告里，一段"想当年，我是用拳头来打天下的，如今，这电脑时代，我儿子要用小霸王来打天下。同样天下父母心，望子成龙小霸王"的经典旁白由此诞生，将成龙打拳的形象和小霸王两个拳头的标志自然而然地联系了起来，通过代际的转换，将小霸王的特征突显了出来。正如段永平所说：

> 广告不会赋予产品任何东西。广告只是表达产品而已，好的广告表达的效率高。[2]

1995年元旦，中央电视台的黄金时段推出了小霸王的最新广告，穿着白背心的成龙抱着小霸王键盘，面对镜头念出一句广告语："同样天下父母心，望子成龙小霸王。"与此同时，平面广告、POP招贴以及小霸王学习机的包装上全都换上了成龙极富感染力的微笑头像。无论是在专卖店还是超市，只要有小霸王产品的地方，人们都能看到成龙的标志性笑脸。

明星的广告效应给小霸王带来了巨大价值。成龙正直、真诚的形象与小霸王产品融为一体，不少消费者将对成龙的喜爱转化为对小霸王产品的追捧。

1995年，小霸王的产值超过了10亿元，更有机构把小霸王品牌无形资产评估为5个亿。[3]而怡华集团其他十几个子公司的收入总和，还不及小霸王的一半。

---

[1] 刘洲伟：段永平不做"小霸王"，《中国企业家》，1998年第4期，第14页。
[2] 摘自段永平的网易博客论述，2014年6月。
[3] 刘洲伟：段永平不做"小霸王"，《中国企业家》，1998年第4期，第14页。

第三节　如何打造爆款

广告造势确实提高了小霸王的知名度，但是段永平对广告一直都抱有十分理性、谨慎的态度，他说：

> 在许多人看来，广告是灵丹妙药，实际它是一把双刃剑，只是营销中的一个环节而已。如果产品知名度很高，但品质、服务跟不上，肯定要出问题。如果说产品是木桶的底部，广告只能是木桶其中的某一块板而已。太长了浪费资源，太短了又装不了多少水。[1]

在推出小霸王产品的时候，段永平以超乎想象的速度在全国下了一盘质量、营销、售后并重的大棋。小霸王的广告效应能持续发挥作用，根本在于其过硬的质量。从产品设计到各个零部件的选择，都凝聚着段永平和他的团队无数人的心血。

小霸王学习机严管品质，精雕细节，创造过很多第一，它率先推出青轴机械键盘学习机，提升了打字手感和效率；率先采用全封闭式薄膜键盘，以降低学习机对使用环境的要求；率先尝试人体工程学布局的学习机，做工比肩微软同期的人体工程学键盘。随着学习机的推

---

[1] 刘宏君，桑梓：段永平：守住本分！《中外管理》，2002 年第 5 期，第 23 页。

出，小霸王实现了从仿制到创新的实质性飞跃。

正当其他品牌都忙着增加产品 SKU 以拓展市场份额时，段永平却超前地将售后服务提上了重要日程。即便在小霸王资金并不宽裕的时候，段永平依然破除重重阻力，在全国建立了 30 多个售后服务中心，并公开承诺了"包修包换"原则。[1] 小霸王的售后服务同样做到了极致，坚持以用户需求为导向；产品有任何问题，售后服务人员不会询问产生故障的原因，而是立即为消费者免费修理或是换成新品。

只在产品与售后上做文章，显然是不够的。90 年代，产品的销售渠道至关重要。在段永平看来：

> 销售是一条链，工厂、供应商、代理商、零售商、消费者都是这条链上的一个环节，这条链上的每个环节都不能出问题，一荣俱荣、一损俱损。[2]

为了更好、更快地在全国打开市场，段永平对小霸王的销售网络进行了重新布局，取消了全国总经销制，在各个城市推行总代理制。他的目标不局限于国内，还专门增加了外销部，负责国外市场的拓展。同时，为规范市场，段永平提出了"四海一家的解决之道"，统一了小霸王的全国销售价，实行限价销售。在小霸王第二代学习机 SB-486 上市之后，段永平通过其强大的销售网络实行"全国限价"，并打出了全国第一例限价广告，即每台小霸王学习机只卖 486 元。[3] 如此一来，在保障经销商利益的同时，还照顾到了消费者的权益，小霸王的市场信誉由此迅速提升。

---

[1] 吕萍：段永平 品牌之王，《国际人才交流》，1999 年第 12 期，第 37 页。
[2] 思弦君：学习段永平 —— 顿悟！（一位小霸王员工回忆曾经的工作和阿段），https://xueqiu.com/2740739644/133040441，2019 年 10 月。
[3] 刘洲伟：段永平不做"小霸王"，《中国企业家》，1998 年第 4 期，第 14 页。

据统计，1993 年，小霸王学习机销售额超过了 2 亿元；1994 年又超过了 4 亿元，占据了国内学习机产品 80% 的市场份额，一度供不应求。1994 年除夕，全国各地经销商等待拉货的货车堵在小霸王公司的门口，排起了长长的队伍。

即便春节加班，车间的工人们也不会抱怨，因为老板很慷慨。一到年底，段永平给工人们分红时发的都是现金，据说光包钱的报纸就用了十几摞。

1994 年，有关部门做过一份问卷调查，问中国人最熟悉的电脑品牌是什么，结果出人意料，不是 IBM，也不是联想，而是小霸王。在那个年代，小霸王学习机几乎成了家庭的标配品，也是 80 后、90 后童年里最闪光的回忆，其火爆程度可见一斑。有人戏言，当时如果段永平真的转战电脑市场，可能联想电脑就没那么容易火起来了。

也正是因为小霸王学习机的出现，使得中国出现了一种奇特现象：不仅儿童在用，很多成人也借助小霸王学习机实现电脑入门。

同一时期，各种荣誉随之而来，小霸王连续多年获得国产精品金奖，段永平也获得了"广东省十大杰出青年企业家""全国优秀青年企业家"等荣誉称号。

短短几年，从亏损 200 万到产值过 10 亿，很大程度上得益于段永平精准的市场洞察与布局，更有无数经典的营销模式加持，他也因此被人称为"打工皇帝"。然而，从历史发展的周期来看，段永平的成功有一部分也是占了时代的便宜，当时对知识产权保护力度有限，这才使得小霸王游戏机迅速获得市场认可，也才有了后续小霸王学习机再创新的可能。然而，市场规则对每个厂商都是平等的，小霸王将学习机这块蛋糕做大了之后，其他厂商也在摩拳擦掌，随时准备与小霸王一决高下。

第四节 "霸王"出走

纵观小霸王的发展，段永平几乎力挽狂澜，让濒临破产的小厂变成了炙手可热的大公司。在这本该春风得意，再展宏图之时，却传出了段永平离职的消息。

1995 年 8 月 28 日，段永平突然向怡华集团提出辞职。这一举动不仅外界人看不懂，就连怡华集团内部的很多人都觉得不可思议。

根据约定，段永平和怡华集团之间是"二八分成"，即他可以拿到小霸王 20% 的利润。按如今小霸王的产值，段永平自己可以分到上千万的财产。

所以，很多人不明白，段永平和他的团队明明已经拿得不少了，尤其是到年底分红的时候，他们总是会发很多钱，双手拿不了的还用报纸包着。有眼红的同事还向集团高层领导说："以这么高的薪水，应聘的人能从中山排到广州。"更有高层领导说："段永平从一个穷书生到如今成为名满天下的千万富翁，集团公司没有对不起他。"[1]字里行间透露出对段永平"得了便宜还卖乖"的不满。

对于这些"指责质疑"，段永平一笑置之。他的下属却一直为自己领导抱不平，一位部下说："谁发了钱不拿报纸或信封包着？中国人有不露财的习惯，莫说几万元现金，几千元也会包起来。阿段从自

---

[1] 刘洲伟：段永平不做"小霸王"，《中国企业家》，1998 年第 4 期，第 14 页。

己应得的 20% 里分出许多给我们，每个干部的收入都不低，这种情形我想怡华未必喜欢。"

事实上，段永平离职的原因不在于自己所得的分红金额，而是小霸王繁荣背后的隐忧。其他人可能看不到，但身为小霸王的缔造者，段永平看得十分清楚。随着小霸王的发展壮大，它与其母公司怡华集团的关系日渐微妙。集团公司有时会将小霸王的盈利抽走，填补其他子公司的亏损。这对集团来说可能是从全局的角度去考虑，但是对于小霸王而言，有个吸血的"爸爸"并不是件好事。

一直以来，段永平并没有将自己完全放在打工者的位置上，他渴望的是做一位真正的企业家，把小霸王做成中国的松下，让公司像滚雪球一样持续发展，而不是赞同怡华集团现在做的"拆东墙补西墙"。他说：

> 就我个人而言，总希望企业能够不断发展壮大，从企业里抽CASH（现金）走，无异于釜底抽薪。其实这个问题可以通过股份制来解决，集团如果要抽资金去应急，可以转让股份。另外，搞股份制是"一揽子计划"，整个利益分配机制建立起来，就不再需要"二八分成"的东西。[1]

段永平坚信股份制才是公司实现基业长青的根本。所以在小霸王势头正猛的 1994 年，他向集团提出了股份制改革，股份制是经过西方企业多年实践检验而生成的成熟体制，比较好地解决了所有权与经营权的问题。这也正是小霸王亟须解决的头号难题。小霸王脱胎于怡华集团，其贷款、人员招录、销售渠道，都与集团牵扯甚多，却没有一个清晰的界定，以至于连段永平自己都不知道小霸王到底属于哪种

---

[1] 刘洲伟：段永平不做"小霸王"，《中国企业家》，1998 年第 4 期，第 14 页。

类型的企业。

然而，这次的提议却被束之高阁，大家都觉得小霸王依照现在的体制运转得很好，尤其是还能帮助其他兄弟公司脱困，为什么要去改变？一年之后，段永平再次向集团提出股份制改革建议，再次被拒绝。段永平说："我等来等去等不及了"，干脆就提出了辞职。

在宣布段永平辞职消息的会议上，很多人都瞠目结舌，与段永平并肩作战的员工一时间难以接受这一消息，他们当场难过地哭了起来。小霸王是段永平一手打造的，他就是小霸王的灵魂，在员工中有着极高的威望；尤其是公司管理层，在他们心中，段永平才是他们加入小霸王的理由，而不是怡华集团。他们中有很多人和曾经的段永平极为相似，没有背景、身无分文但渴望出人头地，段永平正是他们努力的方向与学习的榜样。所以，段永平的出走，才会引起如此大的震动。

对于怡华集团、对于陈健仁而言，段永平是不可多得的人才，然而，事已至此，陈健仁能做的也只有放手。

出于对段永平多年来成绩的肯定，陈健仁还亲自主持了对段永平的欢送酒会，这是怡华集团第一次为辞职者开酒会。据小霸王另一位董事长李平回忆，当时的场面很感人，不少与会者都流下了热泪，段永平更是醉得不省人事。

段永平在采访中回忆起这段往事时，坦言："陈老总待我不薄，他对我有知遇之恩，离开小霸王，他送给我一辆奔驰做纪念，我一直开着它。"

正是因为这份惺惺相惜之情，段永平和小霸王有一个口头君子协定，保证在离开后的一年之内，不和小霸王在同行业、国内市场竞争。虽然只是口头契约，但是后来的事实证明，段永平确实履行了承诺。

段永平离开大概一两个月后，小霸王公司有了新领导。新官上任后，即在公司开始大规模"换血"行动，尤其是管理层，像总经理助理、外销部长、工程部长、生产部长、后勤部长、财务部长等，他们的权力全都被架空，面临随时失业的威胁。大家打电话给段永平说："阿段，我们现在干起来非常不愉快，能不能上你那儿去？"就连小霸王的人事部长也说："他们出来，你能不能收？"对于迫切想追随段永平的几百人队伍，段永平都安置在了自己新创的公司，他说："如果他们非要来，我不收不行。我觉得我有责任。"[1]

这份责任与诚意让他在刚刚成立步步高电子有限公司时，收揽了从小霸王离职来的几百名员工，让他们在适合的岗位上继续发光发热；也让他明知创业艰难，却还是履行了与老东家达成的君子协定，一年之内不在国内市场生产同类产品，而是选择征战国外市场。

[1] 綦书环：段永平自诉当年跳槽，《光彩》，2001年第2期，第7页。

第三章

步步登高

　　段永平说："企业的发展靠的是消费者。若要获得消费者的忠诚，你就必须是真的很本分。过去、现在和将来永远都不骗人，靠一时作秀是不行的。步步高的产品比同类产品价格高了 10%，但销量一直很好。为什么？因为我们始终坚持宁愿失去一个客户，也绝不会去骗人的原则。"

第一节 另起炉灶的"步步高"

决然离开的背影，成为段永平不断蜕变的人生的缩影。这一次，他将目的地锁定在了工业新城——东莞。正式从小霸王辞职后，段永平便带着陈明永、沈炜等昔日骨干力量来到了与中山市隔江相望的东莞长安镇，创办新公司。

此时的长安镇几乎没有像样的厂房，大部分是杂草丛生、人迹罕至的荒地，唯一的优势就是地价便宜。资金，是段永平创业初期的最大问题。于是，荒芜的长安镇成了他的新公司所在地。一天，段永平特意开车将一位朋友从中山一路接到了长安镇，车子停到一片荒地旁，段永平兴冲冲地对朋友说道："下车看看吧，看看我的新工厂。"这位朋友下车看到的却是，一片荒地上乱七八糟地放着成堆的建筑材料，有些地方已经开始打地基。即便如此，也掩盖不了这片区域的荒凉与孤寂，尤其是同灯火辉煌的小霸王相比，更让人有种"英雄末路"的感觉。段永平的很多朋友都质疑他的决定，有的说："奇迹不可能出现第二次。"也有的惋惜道："阿段天天下围棋，但这一手棋走错了。"

尽管质疑不断，段永平依然坚持践行创业的梦想。1995 年 9 月 18 日，广东力高电子有限公司（步步高前身）正式成立，初始团队只有 7 个人，就是段永平和他从小霸王带过来的 6 位骨干。

对于"力高"这个名字，段永平并不满意，但由于时间仓促，一时间也想不到更好的名字。多年的从商经验让段永平深知品牌的重要性，要树立一个让别人记得住的品牌，一个具有冲击力、脍炙人口的名字是必不可少的。

事实上，90 年代流行取外国名字。段永平说："我们也可以取一个洋名字，比如足下松田，拿到日本注个册，回来说是日本名牌。我们没这样做，我认为没意思，有欺骗消费者的感觉，再加上民族情感，我是中国人，所以就打消了这个想法。"[1]

他决定出资面向全国征集品牌名称，被采纳者将获得 5000 元奖金。基于小霸王取名的教训，此次征名他给出了三个限定条件：名字笔画不能太复杂，不能有异议，要容易传播、让人很快记住。

最终，他们收到了上万份投稿。几经挑选，段永平决定用"步步高"。取"步步高"之名的人有 8 个。向来坚守"本分"的段永平，给这 8 人每人支付了 5000 元。他后来还开玩笑说，幸好不是 80 个。

1996 年，力高电子公司正式更名为步步高电子工业有限公司。

和众多创业公司一样，段永平和同事们的办公条件极其艰苦，办公室设在车间板房的角落里，用墙板隔出的小屋，陈设也十分朴素，一张桌子，几把椅子。即便后来公司发展得有声有色，段永平还是和两个员工挤在一个办公室里。对这些装点门面的陈设，段永平向来不太在乎。在他看来，买回来的椅子只要不散架就可以，完全不在意是何种材质。

真正让段永平在意的是人才，是产品。

就团队而言，公司刚刚成立一个月，管理人员就从最初的 7 人增至 40 多人，这些精兵强将全部是自愿放弃小霸王的高薪而奔着段永平来的。此后，不断有小霸王的员工跳槽过来，甚至维修工、厨师等基层人员也义无反顾地跟过来。至于原因，有的说："段总有情有义，

[1] 邹洪：段永平追逐世界节奏——步步高总经理访谈录，《经营者》，2000 年 8 月，第 6-7 页。

言出必行，有眼光，有胆识，值得追随，而且给我们也配了股份，我们有当家做主的感觉，跟着他干，没错。"有的说："船长不在船上，水手不知道船会开到哪里去，所以只好下船。"对于这些人，段永平按照人尽其才的原则，安排到合适的岗位上。

最开始，段永平将目光放在了相对熟悉的电子产品上。公司成立之初便设立了电脑产品事业部，致力于开发、研制并生产面向工薪阶层和中小学生的计算机普及教育类电子产品。

为拓展业务，段永平在公司成立的第二个月便设立了通讯产品事业部，专研有绳、无绳、来电显示等多功能电话机的开发生产。彼时，电话机逐渐走入更多的家庭，并迅速成为最常用和重要的通讯工具。敏锐的段永平自然不会错失这一大好机会。1996年，段永平主导生产的HA007系列有绳电话机和HW007无绳电话机通过了广东省电子机械工业厅主持的科学技术成果鉴定。

令人讶异的是，在最初的这一年里，段永平没有拓展国内市场，而是将发展的重点直接放到了国外——俄罗斯。海外市场潜力虽大，但对于一个初出茅庐的公司来说，要赢得国外市场并非易事。让理智的段永平做出如此不理智举动的原因在于他与老东家的一个口头君子协定。

段永平从小霸王离职之时，曾与陈健仁有过一个口头协定，在一年之内不在国内竞争同类产品的市场。当时，国内并没有相关的行业规定，一年之期是段永平与陈健仁协商出来的期限。

为履行这份承诺，段永平在公司尚未立稳的境况下，全力开拓海外市场。然而，也是因为这一决定，让段永平和步步高遭遇了极大的危机。仅凭来自俄罗斯的一份游戏机订单，段永平的公司开始了艰难的早期运作。1996年，步步高投入近1/3的资产开拓俄罗斯市场。然而，当时的俄罗斯民众普遍对中国货持否定态度，几乎所有中国产品都必须印上"Made in England""Made in Austria"才能卖得出去。段永平偏偏不信这个邪，他坚持在自己的产品上印上"中国制造"。结果，步步高产品在俄罗斯未能激起很大的水花，公司投进去的资产全部赔光。

因为一份口头承诺，差点赔掉自己的公司。有人说，阿段也太傻了，简直是挖个坑把自己埋了。但是，更多的人看到的是诚信、是气魄。后来步步高的崛起也印证了段永平"本分"文化对企业发展的重要性。

1997年，处于发展期的步步高，全公司账面上只剩下两万元，而俄罗斯的外销回款由于手续复杂迟迟未到，导致步步高无法按期支付供应商的货款，一时间资金链非常紧张。眼看这一窘迫局面短期内无法打破，段永平便组织召开了一个供应商会议，如实向供应商们说明了步步高目前的状况，提出了两个延期付款的条件：一是由步步高付1%的月利息，延期支付；二是如果有人愿意的话，可将货款入股步步高。当然，如果都不愿意的话，步步高也会付现金。

多数供应商接受了步步高的提议，有很多人借此入了股，帮助步步高渡过了难关。以股权将供应商与公司捆绑为利益共同体，既在一定程度上缓解了步步高当前的资金困境，也促使供应商将步步高的利益放在更高的位置，大家身处同一战线，利益息息相关。

第二节 央视"标王"

1996 年对步步高而言，是一个全新的开始。此时，段永平关注的重点在于，如何迅速提振供应商、客户、员工对"步步高"这一品牌的信心与认知度，并以何种形式在全国范围释放一个强烈信号，告诉大家步步高又重新开始了。

于是，段永平决定参加中央电视台的广告投标，并力争拿到"标王"。

央视广告招标始于 1994 年，时任中央电视台广告部主任的谭希松将《新闻联播》后 5 秒时间的黄金时段和《天气预报》后的 A 特段时间拿出来向全国招标，最后中标的企业则被冠以"标王"的称号。孔府家宴酒、秦池酒在拿下"标王"后，都从名不见经传的小企业迅速发展为知名企业，销量和品牌影响力均实现了飞跃式增长。

此后，央视广告招标就被誉为"中国经济晴雨表"，而"标王"花落谁家则在一定程度上反映了中国经济的内部格局，其影响力可见一斑。

受此启发，1996 年 11 月 8 日，段永平第一次参与中央电视台投标，标的是中央台天气预报结束后的 5 秒标版和 A 特段。经过几轮竞争，步步高打败了许多知名企业，以 81234567.89 元的高价夺得暗标，实现一投成名。对于一个成立才近一年的创业公司来说，这是一笔巨额支出，但是在段永平看来，这是他们迅速获得全国关注的最佳途径。他说：

> 做消费产品市场，广告绝对不是万能的，但没有广告是万万不能的；而要做全国性消费品市场，中央台不是万能的，但没有中央台是万万不能的。如果仅投放地方台而不投放中央台，很多年都很难建立一个整体的、有实力的形象，消费者对产品的认同感相对会落后，广告成本加上时间成本很不划算。[1]

中央台的频道很多，栏目也很多，选择在哪个频道和时间段投放广告，怎样最大限度地让目标消费群看到，是极为讲究的。为此，在投标之前，段永平还让公司广告部做了专门的调研，所以才有了 11 月 8 日的"重金"投标。

广告的播放位置同样重要。同样的时段，第一条或倒数第一条，其效果都比中间位置的好。段永平曾举过一个例子：中央台 A 特段播三分钟广告，在这三分钟里，假设你一直认真在看，越前面的越容易记住，倒数第一条也容易记住。因为广告一结束，《焦点访谈》就开始了。

在众多竞标人还没有注意到这一细节时，段永平注意到了，并且每次都会特意向中央台指定自家广告的播放位置，此时这几个段位之间的价格差异是很小的。后来，其他竞标人也看出了其中的门道，开始和段永平抢第一条或最后一条的位置，中央台广告部为此出了新规则，价高者可指定位置，段永平就会加价 5% 到 10%。再后来，中央台 A 特段的指定位置的价格时常能高 50%-70%，即便如此，也还是有人愿意指定位置。

1997 年，在中央台晚间《天气预报》结束后，出现的第一条广告

---

[1] 段永平：招标年年来，效益步步高，《中国广告》，2002 年 11 月。

就是步步高的学生电脑，"800 元买电脑，免费学电脑"。这一广告播出后，步步高学生电脑迅速红遍大江南北。有意思的是，小霸王在看到步步高出了这一款电脑后，马上针锋相对地推出了一则广告："买电脑不需要 800 元，720 元即可办到。"只是没有了段永平的小霸王，再没能创造新的辉煌。

1997 年 11 月 7 日，段永平乘坐飞机从美国赶到北京，再打车到了中央台招标会场——北京梅地亚中心。

这次中央台的招标首次引入拍卖行，招标形式由此前的"暗标"转为"明标"与"暗标"并行，只是竞标的广告位不同。7 日晚上，中央台举办了宴会，参与投标的商界大佬悉数到场，而一向不注重外在的段永平因为衣着问题，差点儿被保安拦在门外。

散场后，段永平单独与乐百氏的老总何伯权、杨杰强进行了深谈，意欲同乐百氏建立攻守同盟，降低投标成本。他直截了当地说明了自己第二天的竞标计划，即直接抛出 1.8 亿元的价格，吓退大部分的玩家。如此一来，广告价位就不会因为起哄而难以控制，真正想中标的人也可以少花冤枉钱。只要稳住标王的价位，暗标价位就不会被抬高太多。当然，如果最后的价格超过 2 亿元的话，他就打算放弃。何伯权听后笑道："你出 1.8 亿，我就让贤。"[1] 然而，从这几年投标竞争的白热化程度而言，超过 2 亿元的可能性极高。

竞标当天，段永平按计划抛出高价。爱多 VCD 的老总胡志标紧随其后喊出"1.82 亿"。一场竞标瞬间变成了段永平与胡志标之间的财力较量。几番报价下来，段永平再次将价格提到 2 亿元。此时，在场的人纷纷望向胡志标。

"2.1 亿。"

随着胡志标报出这一数字，本次明标"标王"花落爱多。得知结

---

[1] 刘洲伟：段永平 不做"小霸王"，《中国企业家》，1998 年第 4 期，第 17 页。

果，胡志标喜不自禁，他说："2.1亿，太便宜了。"听闻此言，坐在他斜后方的段永平仿佛局外人一般，并没有说什么，只是微笑着鼓掌祝贺胡志标。

段永平将精力放在了下午的暗标场上，很快，他以超出新科200万元的价格夺得了暗标的第一名。对此，段永平还向在场的竞争对手连说了多声不好意思。

1998年后，社会上对"标王"的评论逐渐负面化，中央台随之淡化了"标王"的概念。不过，这丝毫不影响段永平对中央台广告的热情。每一年的11月8日前后，不管段永平有多忙，他都会预留3天左右的时间到北京梅地亚中心参加中央台黄金时段广告的招标。1998年、1999年，他分别以1.59亿、1.26亿的价格拿下了事实上的"标王"。

段永平对"标王"这一称呼并不感兴趣，他说："我们做的不是'标王'的概念。历届誓夺'标王'的企业都在投标的同时，准备好了新闻发布会，我们是唯一没搞发布会的。因为我觉得这事根本不值得宣传，我们不过是花了自己该花的钱，得到自己想要得到的广告时段而已。"[1]

步步高虽然把绝大部分广告预算都用在了中央台黄金时段的投放上，但其他时段如果收视率还不错，段永平也会抢占先机买下来。他认为：

> 步步高在黄金时间的投放是给消费者看的，而在非黄金时段投放的广告是给经销商和零售商看的。零售商回家一般比较晚，当他们看到非黄金时段的广告时就会认为你在黄金时段也投放了

[1]刘宏君、桑梓：段永平 守住本分，《中外管理》，2002年第5期，第23页。

广告，而愿意经销你的产品，这两个时段是相辅相成的。[1]

1997 年中央台做长江三峡大江截流特别报道时，要卖出一个广告位。一般而言，中央台周末白天的广告价位很低，而这个现场直播节目刚好是在周末白天播放，中央台就按平时的价格报了价。

实际上，三峡大坝截流在当时是媒体报道的大热点，受关注度颇高。段永平判断这档节目的收视率肯定不错，所以中央台的消息一出，他立马买断了这一广告位，加上广告代理费，总共花了 70 多万。他预感这次的广告可能会创造十倍以上的价值。很快，中央台也意识到了这个节目的真正价值，后来又多加了一分钟广告，由另一家企业买下。后来的事实也印证了段永平的判断，大江截流的报道收视率很不错，还成为中央台的经典之一。

随着步步高品牌认可度的提升，段永平对于中央台 5 秒标板的兴趣逐渐减弱。他认为，5 秒广告对于短期内建立品牌知名度可能非常有效，但时长太短，5 秒的时间根本无法让消费者看到产品的功能、品质等实质内容。所以，从 1999 年开始，段永平把主要精力转向了 15 秒以上的广告投放。

段永平对于央视黄金时段广告位的执着，表面看似狂热，实则每一次的竞标都是经过周密核算的。步步高所涉及的行业竞争异常激烈，其自身又没有任何品牌优势。如果不能迅速建立突出的品牌形象，形成鲜明的品牌记忆，就不会对目标消费群体的选择产生影响。而中央台地位特殊，对于企业的品牌推广有得天独厚的优势，诚如段永平所说，看似"最贵"，实则是最便宜的选择。

---

[1]燕涛、黄江伟：第二代中国企业家的崛起（下）——牛根生与段永平的末路比肩，《销售与市场》，2005 年第 10Z 期，第 122 页。

第三节 后来居上的 VCD

1997 年 6 月，步步高增设 AV 产品事业部，致力于研发与生产 VCD 类、DVD 类系列产品，正式进军影碟机市场。从 1995 年到 1997 年，中国的 VCD 市场进入井喷模式，爱多、新科、万利达、金正、先科等品牌纷纷涌向市场，与三星、索尼等外国品牌一决高下。全国销售量更是呈现倍数式增长，1995 年为 60 万台，1996 年突破了 300 万台，[1] 1997 年则超过了 1000 万台。谁都没有想到短短两年，VCD 的销售会如此火爆。第一个具有中国特色的数字化浪潮及其规模巨大的消费市场突然降临了。[2]

市场的火爆刺激了更多的生产需求，再加上 VCD 生产成本及技术要求都不高，新企业纷纷入局，长虹、熊猫、夏新等陆续推出了同品牌的 VCD。据统计，有名有姓的 VCD 生产厂家从 1995 年的 10 家剧增到 1997 年的 380 多家，还有 200 多家正在上马和投产，更有不计其数的拼装企业。[3] VCD 市场硝烟未熄，更为先进的 DVD 紧随其后，迅速成为市场的宠儿。

段永平实际是一位迟到者，这是他的一贯打法——敢为人后，平衡发展。对此，段永平曾说过：

---

[1] 詹金平：中国影碟机 (VCD) 市场分析，《中国流通经济》，1998 年第 1 期，第 21 页。

[2] 徐敏：从 VCD 到 DVD：当代中国数字音像文化的源起，《文艺研究》，2017 年第 11 期，第 106 页。

[3] 《经济日报》，1997 年 7 月 10 日。

步步高是小企业，没有足够的抗风险能力，经营就得稳健。如果我们凡事都抢在别人的前面的话，抢对了，也就抓住了机会；抢错了，就可能是灭顶之灾。[1]

无论是"影碟机热"还是"电脑热""电话机热"，段永平均"冷眼"观之，他很清楚步步高现在的处境，与其冒着未知的风险创造全新产品，倒不如在产品市场渐趋明朗时做后来居上者。段永平在一次采访中说过：

我们的企业跟外面的相比实在太小了，不可能开发出什么世界领先的高科技产品，只能买人家的技术。你看世界级的大公司像索尼一年几百亿美元的营业额，研发费用几十个亿美元。比我们国内任何一家家电企业的营业额还要多。我们简直不可想象。国内企业就算你哪一年达到了，但是人家已经积累了几十年了。我们的媒介老想让我们企业去掌握核心技术，但是这几乎是不可能的。我们的企业都在讲创新、领先，其实都是在跟着学。[2]

当影碟机行业即将进入成熟期时，步步高在全面分析了自身技术能力、生产能力、市场经验及市场潜力后，认为自己有足够的优势可以做好时，就杀进了这一行业，即便有人已经不看好这一产品。段永平曾经放出豪言："1998 年 VCD 业界的三巨头很快得变成四大天王，我会让你们大吃一惊的！"然而，后来者何其多，步步高又该如何成功突围？

步步高将重点放在了产品质量、品牌知名度、信誉上。

[1]王璞：敢为人后 后来居上——步步高的竞争策略，《中国物流流通》，2001 年第 18 期，第 26 页。
[2]孙玉红：段永平妙语"平常心"，《羊城晚报》，2001 年 2 月 10 日。

步步高从成立之日起，就视质量为企业的生命，并集中优势力量做到"人有我优"。在段永平看来，通常意义上的产品出厂检测固然重要，但不是全部。步步高设计了一套全系统的质量评价体系，在产品设计开发阶段就把各种质量隐患充分考虑进去，以优化生产流程，让工程部门在接到开发部门的新品订单时，便可以预判该产品质量，选择是否生产。与传统的先生产、再检测产品的方式相比，这一体系省去了生产过程中的诸多麻烦，节约了成本。

步步高分别于 1996 年 10 月和 1999 年 7 月，顺利通过了 ISO9002 和 ISO9001 国际质量体系认证，进一步实现了对开发、供应、品质、生产、管理、市场营销和售后服务的全方位程序化管理。

随着公司规模的扩大，仅仅依靠 ISO 体系是不够的。1998 年 2 月，步步高实施生产制造系统的电脑化管理，推行 MRPII 系统，建立了高效规范的生产资源管控系统，对物料、设备、资金和人力等各项资源进行有效管理和使用，缩短生产周期，加速资金周转，更快适应市场变化，最终实现降本提质。

1997 年底，国家电子工业部针对全国 214 家 VCD 生产商的 232 种型号的 VCD 视盘机进行了全面检测和评价，结果只有 18 家企业的 13 种产品质量特性达到了国家优等品标准，步步高 VCD 就是其中之一。

1998 年 2 月，步步高公司 VCD 产品荣获了国家级优等品质量等级证书，成为广东（除深圳外）唯一一家获此殊荣的企业。

万事万物都不可能尽善尽美，再强大的工艺也免不了出现次品。对消费者的投诉或媒体的质量曝光行为，段永平认为这是正常现象，他说：

全国家电企业无一例外地设有"售后服务"，说明消费者有质量投诉是非常正常的……因质量问题而引发的抽查和曝光也是十分正常的。但曝光必须是与人为善的。做企业的也不容易，千

辛万苦树立的企业形象被不负责任地抹杀，那谁还敢做企业？ [1]

为更好服务消费者，段永平斥巨资在全国各地建立了 300 多家售后服务网点，配备了 1000 多名专业维保人员，甚至将服务延展到了校园里，所有产品实现全国联保。此外，段永平还在全国设立了 3000 多家连锁下载中心，分布在全国的主要商场、专卖店、个体店，为消费者提供免费下载服务，这一贴心细节，一定程度上刺激了消费者对步步高产品的购买欲。

面对激烈的市场竞争，价格战时有发生。据统计，1996 年年初，VCD 的平均价格大约 2700 元左右，众多商家大打价格战，到该年年底，VCD 的均价跌到了 1400 多元。1997 年 6 月，著名的爱多 VCD 再次挑起价格大战，平均降幅达 25%，其他企业纷纷跟进。过度的价格战严重压缩了 VCD 厂家的利润空间，令厂商苦不堪言。

为避免步步高掉入价格战的怪圈，段永平专门作了一项规定，步步高产品的定价他不干涉，但是一旦有产品要调价，必须经过他的同意。推出这样一条"奇怪"规定的目的是为了防止公司作出非理性决定。段永平认为，在市场竞争很激烈的时候，市面上会混杂各类信息。例如，有一个消息说竞争对手调价了。这一消息包含了两种可能：一是对方根本没有调价，另外就是这个调价不是针对自己的。如果是后一种情况，自己就不应该调价。不能一个消息投过来，自己就乱了阵脚。

每次出现这种情况，段永平都会迅速召集大家开会讨论，他会多问几个为什么，帮助其团队分析消息背后的含义。几番讨论下来，原本有些"义愤填膺"的人也会冷静下来。冷静之后，再做的决定才会更为合理。

这在一定程度上解释了为何热衷于价格战的爱多短短四年就从神坛跌落，而步步高一直平稳发展到了现在。

----

[1]韩磊：下一手——广东步步高电子工业有限公司采访记，《中国质量技术监督》，2000 年第 8 期，第 52 页。

第四节 时刻保有"平常心"

一直以来，步步高都将教育电子类产品作为发展的侧重点，陆续推出了有声电脑学习机、多媒体学生电脑、步步高 98 型学生电脑以及诸多益智类儿童教育电子玩具等。市面上火爆的益智电子产品，步步高基本上都会涉猎，并凭借过硬的质量和周到极致的服务实现后来居上，在市场中占据绝对优势。

然而，"敢为人后"也并非放之四海而皆准。即便是段永平，也有失败的时候。1996 年，日本著名的玩具及游戏巨头万代株式会社推出了一款名为"电子宠物"的新产品，玩家需要给宠物喂食、喂水、洗澡、铲屎，如此循环，把宠物养肥养大直到死亡，极大满足了很多现实中无法养宠物的人的心理，短短数月便风靡全球，备受学生群体，尤其是女生群体的喜爱，万代公司一度断货，导致商家们纷纷囤货居奇，哄抬价格，学校里时有偷盗电子宠物机的案件发生。

电子宠物进入中国市场后，同样掀起一阵热潮。趁着这股热度，段永平迅速上线电子宠物。原本一切向好运作，但是在生产组装的过程中，电脑电玩厂的负责人发现出厂数量不对，少了很多，且一连多日都是如此。身处生产一线的年轻男女职工就成了主要怀疑对象。

因为事情比较严重，电脑电玩厂的总经理便将此事提到了总部。步步高从未发生过内部偷盗事件，段永平一时间也想不出合适的解决之道，尤其是他向来与人为善，内心是很不愿意看到有人因为此事而受到处罚或牵连。他首先问道："其他的厂家是怎么处理这个问题的？"

"无论境内境外，生产这种产品，厂方在员工下线时一律搜身，"有人说道。

段永平说："问题在于，是否每个员工都是贼？"

诚然，"搜身"确实能够快、准、狠地解决偷盗问题，但是这一行为极为伤人自尊，尤其是一刀切式的"搜身"，代表的是"不信任"，这个方法被段永平否决了。

有部分人立即站出来说："不能坐视企业资产就这样白白流失啊"。有人提议说："可以换个相对温和的方法，如改为互相搜身、'变相搜身'。"

良久，段永平叹了一口气，答道："我们不再生产这种东西了。"

这一决定，导致步步高退出了电子宠物市场。据统计，步步高因此损失了 1600 余万元。[1]"电子宠物"的失败是步步高发展过程中遭遇的少数挫折之一。

遭遇挫折固然会给步步高带来一定的困难，却不会减少段永平尝试新事物的热情与执着，他说：

> 任何一个投资决定都要事先考虑一个内容，就是这个投资失败了会不会致命，全部赔光的事情我不会做的。[2]

在他看来，只要做事情，难免会犯错会失败。但是只要不犯自己承受不住的错误，就应该尽最大可能地去穷尽人生或者企业发展的各种可能。在"试错"的过程中，只要能始终保有一颗平常心，理性对

---

[1]韩磊："下一手——广东步步高电子工业有限公司采访记"，《中国质量技术监督》，2000 年第 8 期，第 51 页。

[2]段永平：独步登高，《成功》，2002 年第 7 期，第 11 页。

待新鲜事物，即使失败了，也不会对企业造成实质性伤害，正如段永平所说：

> 每当我们进入一个市场，我们是有"平常心"的，我们看到机会，但同时也看到风险。所以，对于我们来说，失败了也就是一个产品、计划的失败而已。对我们并没有产生根本的影响。[1]

何为做企业的平常心？在段永平看来，就是练好基本功，赚该赚的钱，不骗消费者。这看起来十分简单，但是真正做起来并不是那么容易。

产品质量就是基本功。步步高的很多产品之所以能每年被评为消费者信得过产品，不仅在于其完善的管理体系，更重要的在于他们日复一日、年复一年地为提升品质而努力奋斗。段永平说：

> 产品的品质不是检验出来的，也不是生产出来的，而是设计出来的。[2]

为了确保步步高产品品质，段永平每年要花费数百万元聘请品质管理顾问对公司产品进行技术指导，部长以上的人员每人脱产培训的时间在 100 小时以上。此外，步步高的生产、管理、营销等各大体系均是平衡发展，力争补齐短板，扎扎实实练好企业经营基本功。段永平很反对传统意义上的"核心竞争力"概念，他说：

---

[1] 王璞：敢为人后 后来居上——步步高的竞争策略，《中国物资流通》，2001 年第 18 期，第 27 页。

[2] 孙玉红：段永平妙语"平常心"，《羊城晚报》，2001 年 2 月 10 日。

管理是个系统，要做到平衡，哪一样都不能少。我们把经营管理形容为一个木桶，一个木桶装有 7 块木板，哪些都不能短，但是哪块长了是没有意义的，这个木桶能装多少水取决于最短的那块木板。企业要进步、要持续发展，就要做到各方面都同步发展，这是最经济的。[1]

至于"赚该赚的钱"，最主要的是知晓什么钱不能赚。段永平在步步高立下了规矩，有"三不赚"：违法的钱不赚，违背道德的钱不赚，超过能力的钱不赚。前两条很容易理解，第三条意在警惕企业只求速度导致的盲目扩张。段永平一直强调步步高要"慢发展"，在保障企业稳定发展的情况下，找到一个最适合自身的发展速度，这就是平常心，等到有足够的实力和良好的外部环境后再提速也不迟。公司的灵魂人物都如此讲了，其他人自然不会再过度追求速度和效率。

段永平特别强调企业家精神，他认为企业家必须是理想主义者和现实主义者的结合。这里的理想主义者并非浪漫的空想家，而是要有自己的道德原则，不能什么钱都赚。诚然，企业不能不赢利，但是有些生意哪怕利润再高，一旦违背了道德准则，段永平也会坚决将其拒之门外。

而所谓"不骗消费者"，在段永平看来就是要把每个消费者都当聪明人。所有企业都宣扬消费者就是上帝之概念，但真正以诚待客的却少之又少，很多企业的致命错误就是把消费者都当成了傻子。段永平发现，在 VCD 比较热销的时候，很多厂商都宣传自己的产品是 500 线的或 470 线的，而实际上国内的产品都是 350 线的，甚至有的企业还达不到这个标准。这实际上就是利用消费者不了解内幕而去蒙骗，

[1] 王璞：敢为人后 后来居上——步步高的竞争策略，《中国物资流通》，2001 年第 18 期，第 27 页。

可能短期内会获得一些利益，但最终还是会被消费者抛弃。

段永平说：

> 企业的发展靠的是消费者。若要获得消费者的忠诚，你就必须是真的很本分。过去、现在和将来永远都不骗人，靠一时作秀是不行的。步步高的产品比同类产品价格高了 10%，但销量一直很好。为什么？因为我们始终坚持宁愿失去一个客户，也绝不会去骗人的原则。[1]

纵观世界企业发展史，也是如此，唯有时时保有平常心的企业才能够经得住时间的洗礼、历史的考验，实现基业长青。

---

[1] 刘宏君、桑梓：段永平 守住本分！《中外管理》，2002 年第 5 期，第 22 页。

第四章

独步前行

段永平说：一个企业家应将 80% 的精力放在 20% 的东西上，这 20% 的事情能给你带来 80% 的收益。每个企业的资源都是有限的，包括人力、物力、财力，把有限的资源用到无限的投资上去肯定要有问题……

第一节 偏爱"明星"

爱多创始人胡志标夺得央视"标王"后，花450万元请成龙为其VCD代言，一句"爱多VCD，好功夫"登上了中央台天气预报后的5秒标板，在成龙和央视的加持下，爱多VCD一战成名。

段永平知道胡志标之所以费尽心思请成龙做广告，为的就是防止步步高再请成龙，复制当年小霸王的成功。段永平的应对之策是请来了李连杰。李连杰在中国影坛的地位虽不如成龙高，但他凭借一系列的动作片迅速成为新一代的功夫巨星，他所演绎的正统中国功夫，干脆利落，尽显中华武术力量之美，与成龙的喜剧风格形成鲜明对比。段永平看中的就是这一点所蕴含的商业价值。1997年8月，李连杰与步步高签约，拍摄步步高VCD的广告，广告词与爱多的针锋相对，"步步高VCD，真功夫"，可谓借力打力。1998年，成龙的"爱多VCD，好功夫"与李连杰的"步步高VCD，真功夫"在中央台先后播出，形成了有趣的对比和呼应，引起了极大的舆论效应，让很多人记住了步步高这一品牌。

1999年，步步高与李连杰的广告合约即将到期。段永平想再请一位更加重量级的明星代言步步高DVD和家庭影院，以提振步步高的DVD乃至整个AV产品市场。

经过市场调研，段永平发现大家对施瓦辛格的印象和评价不错，在电影里，施瓦辛格经常扮演英雄角色，魅力十足。如果他来为步步高的产品做代言，效果应该很好。

为了谈成合约，段永平多次前往美国与施瓦辛格沟通，历时半年多才敲定了合作方案，双方签了两年的合同，费用大概上千万元。听起来很高，但段永平知道自己已经捡到了便宜，毕竟如果是在欧美、日本等地，施瓦辛格的片酬要高出一半。施瓦辛格在美国都鲜少接拍广告，步步高这次邀请到他实属不易。

2000 年 5 月，施瓦辛格作为"残奥会"慈善大使要来中国做宣传。段永平充分利用这个机会，着手拍摄广告，为公司节省了数百万元的往返包机费用。这次广告拍摄阵容相当豪华，他请来了中国第一摄影顾长卫，后期聘请国内顶级剪辑师，在香港完成后期制作。

对于段永平如此大手笔地制作本次广告，外界众说纷纭。段永平却是云淡风轻，他认为这就是一个产品广告而已，纯粹是为了提升广告传播效率，让大家更快记住步步高的 DVD 和家庭影院。当然，让施瓦辛格做形象代言，确实能够提升外商对步步高的关注度，但是，步步高并不会因为请了一位国际巨星就能走向国际，成为国际知名品牌。

从成龙、李连杰、张惠妹、周星驰再到施瓦辛格，段永平每次都是大手笔，请的人一个比一个有影响力。然而，随着市场经济的发展，请明星做代言似乎已经被用滥了，为何段永平却执着于此种形式呢？段永平说：

> 广告是行销的重要环节……请名人做广告，能提高消费者的关注度和注意力，能强化消费者的记忆力，换句话说，能提高广告的效率，当消费者想到购买产品时，他首先反映到的就是留下

记忆最深刻的产品。[1]

在段永平看来，无论是请施瓦辛格还是到央视投放广告，都是为了省钱。毕竟对于一个仅成立了五年的公司来说，资金还是有限的，段永平只能集中投入，更重要的是，请到合适的明星代言可以提高广告传播效率。

其实，步步高的广告也不全都是明星，像无绳电话的广告，请的是一位其貌不扬的素人——许晓力。一句"喂，小莉吗？"，配以"眼镜仔"的滑稽诙谐装扮，在央视黄金时段播出后，全国观众瞬间记住了这个"小人物"，结果不仅步步高无绳电话火了，许晓力也成了明星。

步步高强势的广告营销激发了对手的求胜欲。2000 年 4 月，在中央台新闻联播结束后，一前一后播放了两则无绳电话的广告，一则是"步步高无绳电话，方便千万家"，另一则是 TCL 出品的"美之声"的"方便谁都做得到，声音清晰更重要"。

两则广告时间如此之近，而内容又针锋相对，一经播出便引起了轩然大波。步步高更是迅速做出反应，"美之声"在上海的广告贴着步步高之后播出仅一天，步步高就撤下了自己的广告，同时要求中央台撤下"美之声"广告，或者重拍一则攻击性不这么强的广告，甚至还表示由此多出的费用可以由步步高承担。而 TCL 通讯公司则做了"吃官司"的准备，还专门出了好几套应对方案。

步步高并不打算与 TCL 通讯公司对簿公堂。在段永平看来，这件事并不值得打官司，清晰本就是电话机最基本的功能，而步步高的无绳电话解决的是方便性的问题，所以，TCL 所谓的清晰型电话并不是与步步高的"方便"叫板。

---

[1]邹洪：段永平追逐世界节奏——步步高总经理访谈录，《经营者》，2000 年 8 月，第 7 页。

对于此事，段永平直接给 TCL 创始人李东生打了电话，问他是否知道此事。李东生说，他事前并不知情，这事是他们不对，他会去查的。得到李东生的答复，段永平就不打算深究此事了，但是让段永平不舒服的是，李东生一直未向他就此事道歉。

5 月 16 日，段永平和 TCL 通讯公司总经理高孝先等 5 人在深圳达成了协议："美之声"撤下其在中央台和地方台的广告，步步高相应地停止使用已准备好的反击措施。

商场如战场，但步步高和 TCL 通讯公司却能通过理性沟通避免一场潜在的腥风血雨，获得了业界的好评。然而，无绳电话市场的蛋糕是既定的，双方的争夺在所难免。

第二节 与 TCL 的"战争"

为何 TCL 明知自己可能会被起诉,也要直接叫板步步高,将战场搬到了台前?这与当时无绳电话市场的发展紧密相连。1998 年,我国电话用户总数达到了 1.1 亿,1999 年已增长到了 1.46 亿户。虽然增速不慢,但与同时期的欧美电话机市场(无绳电话占有率超过一半)相比,我国的无绳电话占比仅有 1/10,这就意味着无绳电话终将会成为市场的主流。据统计,1998 年,我国无绳电话机的销量只占市场总销量的 15%,却占了 40% 的销售金额,每部电话机的利润高达 50~100 元。[1] 面对利润如此丰厚、发展潜力十分巨大的无绳电话市场这块巨大蛋糕,TCL 力图与步步高一争高低也就不难理解了。

虽然迫于步步高的压力,TCL 通讯公司停下了在电视上投放广告的"空中轰炸",但它与步步高的竞争却没有停止,只是战场转移到了"地面"上:商场中有利的柜台位置争夺、户外有利位置的争夺、地段广告牌的竞争、持续不断的促销活动比拼,甚至导购员的培训领域也在暗中较劲。

事实上,尽管步步高无绳电话在国内的市场占有率为第一,但是在无绳电话市场,步步高却是后来者。TCL 早在 1985 年就开始做电话机,中国第一台无绳电话也出自 TCL。1989 年 TCL 电话的生产销

---

[1] 摘自人民日报网络版,2000 年 8 月 10 日。

售就形成了规模效应，产销量迅速登顶全国第一，并在 1994 年被国务院相关部门授予了"中国电话大王"的称号。

然而，TCL 电话机的大好局面却被步步高打破了。段永平仅用了两年的时间，就占据了无绳电话的半壁江山，其市场份额比位列第二的 TCL 多出 1/2。这让 TCL 十分不舒服，毕竟 TCL 本就是通讯起家，而且，它在通讯市场上的低迷表现已经严重影响了其股市行情。因此，如何赶超步步高，再次重振往日雄风成为当务之急。

为尽可能快地战胜步步高，TCL 推出了一套"组合拳"：低成本＋低价格＋渠道战。其电话机售价普遍比步步高的低 10 元左右，将销售方式从分公司制改为包销制（参照移动的做法），这些做法既控制了成本，又让经销商获得更多利润。此外，TCL 还积极与家乐福、沃尔玛等大型超市总部商谈，在全国开辟第三条销售渠道。其多管齐下，效果显著。比如，在广州各大商场，步步高的市场占有率被"美之声"反超，给步步高造成了不小的压力。

对于 TCL 展开的猛烈攻势，步步高见招拆招，沉着应对。步步高无意与对手打价格战，更注重产品品质的提升。

1998 年底，步步高旗下的电话机厂已拥有一万多平方米的厂房，配有数条现代化生产线，还有相应配套的集成电路绑定分厂、模具制造车间、塑胶成型车间等，员工多达 2000 余人，其中管理和技术人才 150 余人，都是大专以上学历。[1] 高素质人才队伍为技术持续创新提供了保障。为紧跟科技发展，步步高引进尖端电话测试仪器和设备，积极与专业移动芯片公司合作，不断完善产品软硬件的开发，确保步步高无绳电话在功能、外观和型号等方面领先于竞争对手。

在无绳电话生产过程中，步步高采用的是国际先进的 MRPII，包

---

[1]郑国军：开拓进取 步步登高——记广东步步高电子工业有限公司，《东莞科技》，2000 年第 2 期，第 35 页。

括制造资源计划系统、5S 管理系统和全面质量管理系统。每一部电话机还要经过数十道工序检验，无论是产品外壳、内部配件、通话质量还是信号接收等细节都做到极致，以此保证每一部无绳电话都能达到成本合理、质量稳定、性能可靠的最佳状态。

步步高无绳电话能长期占据第一位置，还得益于其强大的销售网络。与 TCL 的包销制不同，步步高的经销商很多都是从小霸王便追随段永平的，长期的合作令双方已经形成了一种默契，这种信赖与情感是 TCL 望尘莫及的。

很多企业面对越来越少的毛利，采取了厂家直供零售店、省级经销商直供零售店等方式，但是步步高一直坚持省级经销商到地级经销商再到零售店的分销模式，拥有 3 万多个销售终端。同时，步步高十分鼓励经销商购买它的股份，实现双方的利益捆绑，共担风险。也正是因为持有步步高的股份，经销商们自觉地把自己当成了步步高的一份子，在潜意识里激发了销售热情，并且会站在步步高的立场上响应其长远的区域营销计划。相比之下，没有这份加持，TCL 的经销商可谓"形散神散"，他们更关注的是眼前利益。此外，步步高无绳电话的经销商同时也负责步步高复读机、DVD、家庭影院等产品的销售，风险得到进一步分散。

在市场推广费用上，步步高的经销商只需要负责分销，推广活动则由各个分公司根据总部的策略，制定本区域内的市场推广活动方案，上报总部，由总部拨付费用给他们。无论是市场推广还是终端的形象建设，都由步步高总部来支付费用，经销商只需要分担一些销售点的进店费。

完善的售后服务网络也是步步高稳坐第一把交椅的重要因素。它在全国各大中城市建立了数百家售后服务中心，既供应电话机的各类配件，更为客户提供全面技术支持。

在与 TCL 通讯的较量中，步步高以始终如一的内功从容应对

TCL 通讯的各式招数。即使短期内出现被对手反超的情况，步步高依然镇定自若，以不变应万变，成为笑到最后的那一个。这份冷静与泰然，非一般企业所能及，诚如段永平所说：

> 我们的企业相对而言，显得稳重一些，只有稳重才能对消费者负责任，才能对员工负责，对股东负责，才有可能对社会负责任。[1]

---

[1] 邹洪：段永平追逐世界节奏——步步高总经理访谈录，《经营者》，2000 年 8 月，第 9 页。

第三节 全员持股

如今，越来越多的公司企业，尤其是互联网公司开始大力推行股权激励计划，以此吸引人才、留住人才。该方法诞生于20世纪80年代的欧美企业，其核心是改变生产关系，加深员工对企业的认同与归属感。经多年实践验证，股权激励是一个富有成效的激励工具。

但是，股权激励在中国推行时却遭遇了重重阻力，直到近年来才得到重视。当初，段永平之所以会在巅峰时刻从小霸王离职，主要原因就是小霸王拒绝了他提出的股份制改革。创办步步高后，段永平便确立了公司的股份制结构。

创业初期，鉴于出资情况，段永平先持股70%。此后，他不断采取措施稀释自己的股份。曾经有人建议段永平采取期权制度，被他拒绝了，他说："期权其实是没有用的。如果不是上市企业，有期权没有用，就算是上市企业，如果不是一个成长性非常高的企业，期权也没有用。"

对待员工，段永平从来都是给最实际的东西。他先是鼓励步步高中层管理人员入股。当时陈明永（OPPO 创始人）备受重用，但他刚刚工作没几年，手里没多少现金买公司股份。段永平主动借给他钱，还说：我借你一块钱，你买我一块钱的股份。我不需要你还我现金，将来用股份的利润或者股息还我就可以。

唐桂光，曾任小霸王售后服务部长，他放弃了加薪和调岗的优渥待遇，毅然投到步步高门下。对于入股一事，唐桂光有自己的理解，他认为，如果公司不让员工入股，而是发很多现金，大家可能不是去挥霍就是另起炉灶，这对公司的发展没有任何意义。相反，如果大家都愿意入股，说明大家对自己所在的企业有信心，钱往一处用、劲往一处使，就没有干不成的事。

这种别出心裁的"借钱入股"不仅对中层管理人员有效，普通员工想入股，也可以找段永平借钱。老板敢借钱，员工们入股的热情瞬间被点燃。不只是公司员工，遍布全国的代理商也可以入股，这在其他公司是不可想象的。

段永平一向讲究本分，讲究感情，深得代理商们的信任。当他从小霸王离职后，很多小霸王的代理商便开始动摇。1997 年，21 家小霸王代理商投奔到步步高麾下。也正是有了这些人的忠心追随，步步高在短时间内便建立起了强大的销售网络，其发展也因此快了很多。为了回报这些代理商，进一步增进他们与步步高的联系，段永平大张旗鼓地推动代理商入股。

毕业于清华大学的娄天春，在小霸王做到了山东总代理，后又到俄罗斯分公司担任经理。段永平离开后，娄天春也交了一份辞职书，转而入职步步高，全力开拓俄罗斯市场。他一向坚信"有恒产者有恒心"，股份制的推行印证了这句话，员工将钱投入企业，企业给予相应回报，无形中拉近了彼此的距离。当然，如果企业经营得不好，入股的员工承担的压力也会相对大些。娄天春却不担心这个问题，因为段永平不断创造业界神话，早已成为所有员工的精神领袖。

推动员工入股也是段永平稳定队伍、吸引优秀人才的重要一步。不过，段永平并不认同"股权激励"这一说法，他认为，以金钱作为稳定队伍的方法时，应称之为"保健计划"，它与"激励计划"是有区别的。

在段永平看来，在制定优秀团队培养计划时，一定要将"保健因子"和"激励因子"区别开。所谓"保健因子"指的是员工的收入，也就是说少了"收入"，员工必然留不住，但是，仅靠提升员工的收入，却无法真正提升团队战斗力。当然，这个多与少并不是绝对值，只是一个相对值。例如，一个人已经 100% 努力了，即使你将他的报酬从

100 万提到 1000 万，他也不会更努力，此时金钱的作用已经微乎其微了。尤其是在提升团队的凝聚力上，靠加钱肯定是不够的。但是，如果钱少了，破坏力也是相当强的。

当"保健因子"满足后，人们往往会追求更多精神层面的东西，这就需要加入"激励因子"，换言之就是企业文化。步步高一直致力于企业文化建设，经过几年的积淀，形成了本分、诚信、品质、消费者导向、平常心等一系列价值观。

步步高将营造和谐、尊重的工作氛围作为企业一项重要使命。在这里，员工们都可以称呼段永平为"阿段"。即使步步高小有所成之时，段永平依然和同事挤在一间办公室里，大家亲如一家，没有人把步步高当作是段永平的步步高，而是当成自己的企业。在这种文化氛围下，步步高的员工很难被挖走。段永平直言："年薪 100 万元的人，别的公司给 200 万元都挖不走，因为他喜欢这里的文化。"[1]

除了员工入股，步步高也吸引了不少大投资者。在步步高的大股东中，比较显眼的就是台湾著名的电脑制造商宏基了。有意思的是，宏基最初是找名气更大的小霸王作为意向合作者。当时，宏基在大陆投资做 VCD，或许是水土不服，宏基的 VCD 生意始终不见起色。为打破僵局，宏基找到小霸王谈合作。只是，谈来谈去，宏基总觉得小霸王缺了点什么。

在一次吃饭的时候，小霸王的员工无意间说出了段永平出走之事。宏基立马通过台商协会联系上了步步高。对于还在创业爬坡阶段的步步高来说，能得宏基相助，可谓雪中送炭。经过一年的沟通协商，双方签订了合作书，宏基占股 19%。在段永平看来，步步高得到的不仅是宏基的资金与技术支持，更重要的是可以学到宏基宝贵的管理经验。

最终，段永平只持有公司 17% 的股份。一位集团董事长亲自把自己的股权分散光了，甚至连话语权都少了许多，在亲手培养了陈明永、沈炜等一批得力干将之后，段永平更是当起了"甩手掌柜"。

---

[1] 段永平：五问段永平，《中欧商业评论》，2013 年 5 月刊，第 130 页。

第四节 "四不"战略

从 1995 年创立至 2000 年，五年的发展让步步高公司在创造业界奇迹的同时，也形成了自己独有的发展节奏和战略规划，可总结为"四不"战略：不搞多元化、不融资、不上市、不过早地搞国际化。

具体说来，第一，当众多企业忙着追赶多元化浪潮之时，段永平却坚定地宣布，步步高不搞多元化发展。这些年步步高制胜的秘诀就在于集中优势兵力打歼灭战，在看好某一行业后，便集中该行业中最尖端的技术，开发出最先进最优质的产品，同时步步高也会开发一些该行业的其他边缘产品，但是各产品间的经营渠道必须是相近的。对此，段永平说：

> 一个企业家应将 80% 的精力放在 20% 的东西上，这 20% 的事情能给你带来 80% 的收益。每个企业的资源都是有限的，包括人力、物力、财力，把有限的资源用到无限的投资上去肯定要有问题……一个品牌是否延伸，关键要看企业的实力。步步高还很小、很脆弱，必须一如既往地小心翼翼、认认真真地经营步步高品牌，去做好我们的品质。[1]

---

[1] 刘宏君、桑梓：段永平，守住本分！《中外管理》，2002 年第 5 期，第 22-23 页。

段永平不只是说说而已，从小霸王到步步高，段永平涉足的只有电子行业，而且产品相对单一。即便后来步步高规模扩大，形成了三大产品体系——数字视听、通讯设备及教育电子，但是每一类产品都有独立完善的工厂和管理体系，互不干涉，互不占用对方的资源，并非多元化发展。

事实上，企业搞多元化发展，无非是怕只经营一种产品可能会吊死在一棵树上，所以发展其他产品拓宽出路。如果按照这种思维走下去，只会让自己吊死在另一棵树上。

每当有人问段永平对某个项目感不感兴趣时，段永平都是问不都问项目的详情就回绝说不感兴趣，因为他十分清楚自己和步步高当下的能力和规模还十分有限，不可能再分出精力经营其他项目。他从来也不信天上会掉馅饼。

2000 年以来，随着互联网技术的发展，国内 IT 行业迅速崛起，很多老牌家电企业纷纷杀入这一新兴行业。步步高是否也有涉足 IT 的打算，成为业界关注的焦点。对于这股热潮，段永平依然平静如常。电脑类高科技产品，他考虑过很多年，一直未下手。国内虽有不少电脑厂商，大部分干的只是组装的活，其核心部件如芯片、软件等，都是国外引进的。段永平觉得，电脑太受上游产品供应的牵制，资金消耗也很大，并不适合中小规模的企业来做。除非有特别的契机，否则步步高短期内是不会涉足电脑产品的。

第二，坚持不融资、不上市。步步高目前是全员持股，每年要为上万名员工分红，段永平本人所持股份只占很少一部分。这种股权结构并不适合上市，一旦上市，必然要拿走员工手中的股权，肯定要有一大批员工退出，员工们很可能只顾着炒股赚钱，而不能沉下心来进行技术研发。其次，上市意味着大量外来资本进入，成为步步高的新股东，他们的主要目的是赚钱，追求短期物质财富的最大化，这与步步高的企业使命与愿景是背道而驰的。这样的结果显然不是段永平希望看到的，他一直强调步步高会一步一步地"慢发展"，在确保安全的前提下，按照自己的节奏实现财富的创造。融资上市或许可以助力梦想实现指数级裂变，但是随之而来的可能是企业文化的稀释、企业战略的骤变等后遗症，企业的任何风吹草动都要受社会资本的控制。不加杠杆几乎成了段永平的生活准则，就连买房，他都坚持支付全款。

其实，不光段永平坚持不融资不上市，像华为、老干妈、立白等著名企业也选择了不上市。对于因为大量资本介入而实现的短期、爆发式成功，"段永平们"是很不屑的。

第三，不过早地走国际化道路。创业之初，迫于无奈，步步高有过短暂的国外拓展，最终以失败收尾。经过几年的发展，步步高已经成为国内举足轻重的企业，然而，每当有人问起步步高是否开始国际化发展时，段永平依然保持惯有的谨慎态度。他说，与国际知名跨国公司相比，步步高还只是一个小学生，现阶段与他们的差距还是太大。像松下、索尼等国际大牌都是经过了几十年甚至上百年的历练才拥有了如今的国际地位。跟这些企业相比，步步高要走的路还很长。越是如此，步步高就越需要耐心地走下去。

虽然步步高的产品在国外部分地区也卖得不错，但这并不意味着其进入了国际市场。要顺利进入国际市场，必须将自己的品牌打出去，然而这是一件十分烧钱的事情。

不过早地走国际化道路并不意味着步步高安于国内市场的发展。段永平花重金请施瓦辛格做形象代言人，也有提升品牌国际形象之意。只是，步步高还需要时间累积财富、塑造品牌。

正是因为站在全球的高度去思考问题，段永平才会将步步高说得如此渺小。他看到了国际知名企业的强项，也敢于正视自己企业的短处。正因为这样，当一批又一批企业在盲目扩张中纷纷倒下之时，步步高却能始终屹立不倒，成为行业标杆。

第五章

宁负天下，不负红颜

2001 年，段永平在步步高发展如日中天之时，突然移居美国，将集团所有业务全部授权给陈明永、沈炜、黄一禾三位得力干将。段永平之所以会做出"提前退休"的决定，是因为他遇到了刘昕，遇到了爱情。

第一节 为"爱"提前退休

2001 年，段永平在步步高发展如日中天之时突然移居美国，将集团所有业务全部授权给陈明永、沈炜、黄一禾三位得力干将。段永平之所以会做出"提前退休"的决定，是因为他遇到了刘昕，遇到了爱情。

1986 年，段永平与刘昕同时考入中国人民大学，一位是经济系的研究生，一位是新闻系的本科生。在校期间，两人有无交集无从得知。1989 年，已经毕业的段永平选择南下广东，刘昕则是继续学业。1990 年，刘昕毕业后去了《中国青年报》做摄影记者，成为当时报社唯一一位女摄影记者。由此看来，此时两人即便认识，也只是普通校友关系。

段永平凭借"小霸王"在企业界一战成名。刘昕在摄影界也颇有建树。她主要关注弱势群体，她的作品通过悲悯的视角、犀利的手法还原妇女儿童的真实生存状态。她首次参加"希望工程"主题摄影，其作品就被中国青少年发展基金会买下做宣传海报。

为让自己的作品更具视野与内涵，1993 年，刘昕毅然辞去中青社的工作，考取了美国一流传播高校——俄亥俄大学视觉传播学院的研究生，毕业后成为《棕榈滩邮报》的首席摄影，其关注对象依然是社会弱势群体。为了拍出更好的作品，刘昕奔走于美国不同的城市，用镜头记录下那些震撼人心的瞬间。在新环境中，刘昕善抓人心的天赋得到了充分的发挥，其作品越来越受到摄影界的肯定，并先后获得了美国南部最佳摄影记者、亚特兰大全美摄影年赛冠军等荣誉。

　　刘昕的作品很有深度和社会性，她拍摄的《双胞胎》（获普利策奖提名），主人公选取的是一对具有强烈对比度的孪生姐妹，妹妹是漂亮活泼的正常人，姐姐却是不会说话、瘫痪在床的盲人。巨大的反差，让刘昕想到的是"命运弄人"。这对双胞胎的爸爸在监狱服刑，姐妹俩由奶奶抚养。在外人看来，这一家的生活不可谓不艰难，然而，老奶奶却对未来充满信心，她始终将所有事情都往好的方向想，生活充满了阳光。这也是最打动刘昕的地方，她说："老奶奶的魅力让我着迷，也使我意识到，报道弱势群体，并不等于是记录悲惨世界，满足读者的猎奇欲和同情心，我要传递的是这一群体所打动我的热爱生命的精神。"[1]

　　1998 年，刘昕回国探亲，与段永平相遇。性格相近的两人迅速坠入爱河，仅仅两个月后便登记结婚。段永平还承诺刘昕，等他将步步高集团再推上一个新台阶，便移居美国，与她团聚。很快，刘昕回到美国，继续从事钟爱的摄影事业。不久，她辞掉媒体工作，转型为独立摄影师、自由撰稿人。随着阅历的增加，她的作品越来越有深度，不时出现在《时代周刊》《新闻周刊》等著名刊物上。

　　段永平也在为践行自己的诺言而不断努力。1999 年，段永平以 1.59 亿元夺得央视"标王"，并请来国际巨星施瓦辛格为其产品代言，步步高三大系列产品全面开花，稳占市场领先地位。

　　段永平并非为事业而忽略家庭的工作狂。无论多忙，他都会抽出时间去美国看望刘昕。为尽快结束这种两地分居状态，2000 年，刘昕开始为段永平申请美国绿卡。尽管此时步步高刚刚步入高速发展阶段，但段永平并没有反对刘昕的做法。更重要的是，在他看来，申请美国绿卡绝非易事，至少需要几年时间，足以让他把步步高的事情安排妥当。

---

[1] 东方愚："中国巴菲特"钟爱女摄影记者，商界网，2018 年 9 月。

令段永平始料未及的是，仅仅半年时间，他就获得了绿卡。虽有些许仓促，段永平却毫不犹豫地放下了世人眼中的"名与利"，移居美国，做一个普通人。段永平的举动，可谓"宁负天下，不负红颜"。

其实，段永平一直活得十分洒脱，不会为财富、名利所累，他一贯主张快乐才是人生最大的财富，最重要的是享受生活。现在他幸福快乐的源泉就是刘昕，所以他作出"轻装"去美国的决定也是意料之中的事。

真正开始婚姻生活的两人，仿佛两个不同的化学元素反应融合之后产生了全新变化。刘昕一改往日天马行空、自由犀利的风格，变得更为贤惠温柔，以家庭、孩子为重。她坦言，自从自己成为母亲之后，在有趣的拍摄项目和与孩子待在一起之间做选择时，她必然会选择后者。从热爱自由、醉心摄影到回归家庭优先的生活，刘昕一直知晓自己该在何时做出何种取舍。她说自己很喜欢这种改变，"这是一次欢天喜地的解放"。

与之相应，安顿下来的段永平也开始了新的人生——征战投资界。短短几年，他凭借对网易、UHAL以及美国通用电气等的成功投资，被人称为"中国巴菲特"。对于这一称呼，一贯低调的段永平却不以为然，他说，和巴菲特比起来，自己也就是"小孩子过家家"的水平，做投资纯粹"因为好玩"，而非赚钱。同妻子一样，他的生活重心也是家庭。曾经有人约段永平周六谈生意，被段永平拒绝了，因为他已和孩子约好外出游玩。

理念上的相通让段永平一家相处得十分融洽，夫妻二人身在不同领域，却享受着同样的喜悦，生活有条不紊。2005年，段永平和刘昕夫妇成立 Enlight Foundation（家庭慈善基金），主要面向教育领域，资金来源为段永平投资的部分股票。之所以会作出这样的决定，是因为他们二人有一项共识：不能把太多的财富留给子女，要让孩子们自己去体验成功或者失败带来的不同感受。

　　有人说，三观一致的婚姻才是最好的婚姻，因为同频才能共振。与记者、主播喜结良缘的中国企业家不在少数，但是，能如段永平、刘昕夫妇一般既相互独立又配合默契的并不多，他们用彼此的成长勾勒出最美婚姻的模样。这份美好的背后，不仅仅是心意相通，更多的是愿意为对方做出改变。

第二节　善于"授权"的老板

一直以来，段永平都是理性且谨慎之人，却做出了"宁负天下，不负红颜"的惊人之举，将步步高所有事务全权交给手下得力干将，自己移民美国与家人团聚。在外人看来，很容易误解成段永平被爱情冲昏了头脑。对步步高内部员工来讲，老板"突然退休"丝毫不会影响集团的发展势头，因为他们早已培养出一套独特的"授权"文化。

"授权"概念来自"参与式"管理理论以及员工工作参与理论。"参与式"管理理论提倡管理人员与员工分享决策权，以增强员工的工作满意度和工作绩效；而员工参与理论则强调管理人员与员工分享权利、信息、奖励和增加员工培训、减少管理层次，以增加员工的工作自由选择权。随着时代的发展，"授权"更多地被描述为一种心理认知过程，是一种内部激励过程，[1] 被授权者将从中获得更大的成就感和丰富经验。

自 20 世纪 80 年代以来，"授权"文化在部分知名跨国公司中陆续实施，如通用电气、太平洋石油电气公司等。在国内，注重企业文化的老板并不少，但偏爱"授权"的企业家却不多，段永平是其中之一。

早在小霸王时期，段永平就十分注意"授权"。他曾回忆说当年

---

[1] 谢礼珊、杨莹：构筑支持授权的企业文化，《中外企业文化》，2002 年第 15 期，第 10 页。

决定离开小霸王时，仅用 15 分钟就完成了工作交接，主要得益于"授权"。他培养出了陈明永、沈炜、金志江等一批得力干将，也正是因为有了这些人，步步高才能短短几年时间就跻身行业领头羊位置。

当然，并非所有企业都适用"授权"管理，美国学者费舍曼就指出，除非企业的文化支持授权，否则授权是注定要失败的。[1]这里所指的企业文化是信任、包容，鼓励员工去冒险，在"试错"中不断成长，这一过程是循序渐进的。对此，段永平说：

> 我对授权的体会是从指示、指导到协商、授权、放权，逐步推进，这样企业就不会失控……做企业关键就是"做对的事情"和"把事情做对"，董事长的工作不是去控制细节，而是关注企业是否在做对的事情。任何人在做对的事情过程中都可能犯错，那是技术上的问题，很正常。但类似质量有问题的产品还出厂这样，我就要让它立刻停止，不管多大的代价都是最小的代价。[2]

在"做对的事情"的前提之下，包容做事过程中所犯的错误。这种"容错"对于建立健康、强大的企业文化十分必要。当然，拥有强大的企业文化并不意味着再也不犯错，而是犯错的几率会大幅降低，或者在出现错误或失误之时，可以做到更早发现、更快得到修正。包容的文化氛围看似简单，但是大多数企业往往做不到。

在段永平看来，"在一些企业里，如果是老板自己的原因导致赔钱，他会觉得很正常；但是如果是下属导致的亏损，他往往很心疼"。段永平的不同之处在于，如果是步步高的高管因为推动某个项目而导

---

[1]谢礼珊、杨莹：构筑支持授权的企业文化，《中外企业文化》，2002 年第 15 期，第 10 页。

[2]段永平：五问段永平，《中欧商业评论》，2013 年 5 月刊，第 129-130 页。

致公司亏损，他会自动将其归为自己的决策失误，以强大的包容力为下属持续开拓进取保驾护航，这种容忍对于建立良性的"授权"文化十分重要。

正当彩电竞争如火如荼之时，步步高摩拳擦掌，计划进军这一行业。为确保彩电质量，在市场中突出重围，仅研发一项，步步高就投入了一个多亿。一天，段永平同彩电的项目负责人聊天，当谈及彩电的未来发展潜力时，这位负责人越说越低落，最后两人得出一个结论：五年以后，步步高可能会沦为彩电的搬运工，因为这一产品的技术门槛相对较低，很难实现同类产品的差异化。不久之后，彩电项目即被取消。很多人误以为是段永平下令终止的，实际上是项目负责人自己作的决定，为的是帮助步步高及时止损。这一负责人的行为受到段永平的极大赞赏。

一个项目负责人有此种勇气与魄力，正是源于段永平营造的企业"授权"文化。正如他所说，"文化一旦建立起来，它比你想象的要强大，会帮你纠正非常多的错误"。

在段永平逐步授权、放权的过程中，步步高的业务发展出了三条相互独立的主线：第一条是教育电子产品类业务，主要涉及步步高学习机、学生电脑、复读机和点读机等产品；第二条是通讯业务，主要生产无绳电话、步步高音乐手机等产品；第三条是视听类设备业务，包括 VCD、DVD、家庭影院和 MP3 等产品。

或许是为了更快地兑现对妻子刘昕的承诺，抑或是认为其培养的干将已然能够独当一面，1999 年，段永平作出一项惊人决定：根据上述三条业务线，按照人随事走、股权独立、互无从属的原则，对步步高集团进行重大改制，重新成立三家独立的公司。步步高教育电子由黄一禾负责（他退休后，由金志江负责）；步步高通信科技由沈炜负责；而步步高视听电子则由陈明永负责。三位法人之间不存在任何法律上的联系。三者唯一的关联就是，有一个共同的股东——段永平，他每家持有约 10% 的股份。步步高"三分天下"的格局由此形成。

移民美国之后，段永平更是当起了"影子老板"，甚至连公司具体卖何种产品都不太清楚。在他看来，没有他的步步高发展得很好，并不需要他去左右公司的具体决策。他会担任董事长一职，为的只是能够在关键时刻向这些老板提出意见、建议。

段永平每年也会回国几次，但前后加起来不超过一个月的时间，他找陈明永、沈炜等人从来不是因为公事，而是一起打打高尔夫、聊聊天。对于这些昔日的下属，段永平的告诫只有一句话："这个事情交给你们干，你们就好好干；如果做不好，你们就干好一件事，你们就把这个企业好好关掉；不要指望我再做什么，因为这是你们的事情。"[1] 在段永平的影响下，陈明永、沈炜等人也都不把自己看作是高高在上的领导者。陈明永曾说，他不是老板，员工并不是为他打工的，大家之所以会不约而同地选择 OPPO 公司，是因为有"同一个梦想"。

相较于传统的"命令式"管理模式，段永平实施的"授权"管理，更能激发员工的主动性和创造力。在这种氛围下，当员工们察觉原有的工作方式不能使企业获得最大效益时，他们会在团队领导的鼓励和支持下，打破常规，主动改进工作方法，并积极承担责任。因为他们早已将自己看作是企业的主人，有强烈的责任感与自豪感。相应地，企业领导者将从繁杂的具体事务中解放出来，进而专注于企业方向、愿景和规划的谋划与把控。同时，企业要营造一种可以进行有效沟通、相互鼓励、充满信任的工作环境，去除员工疑虑。通过双方努力与磨合，所有成员均能全情投入到企业发展中的"授权"文化便会形成。在这种文化影响下，每一个人将具有强烈的主人翁意识和自豪感，与企业共同成长、互相成就。

---

[1] 和阳：段永平的影子，《创业家》，2013 年第 7 期，第 42 页。

第三节　如何找到被市场低估的公司

在美国正式安顿下来之后，段永平开始认真思考自己的下一站："我来这里干什么？我也不能整天在家里待着。"他想到了投资，但是在此之前，他从未碰过股票，在他的概念里，炒股几乎等同于投机，是他不愿意碰的领域。可以说，段永平是从零开始学习投资的。

他开始翻阅一些投资类书籍。然而，对于大部分投资书里提到的K线图分析、涨跌概率、如何测市等概念性、程式化的内容，段永平基本看不进去。幸而他看到了一本介绍巴菲特投资的书，当看到巴菲特所说的"买一家公司的股票等于在买这家公司，买它的一部分或全部"，"投资你看得懂的，被市场低估的公司"等投资原则时，他瞬间有一种找到知音的感觉。

段永平说："其实在看巴菲特之前，这些理念本来就在我脑子里，只是一看巴菲特也这么想这么做，而且靠这个成了世界第二富人，我有了信心。不然不一定下得了手……人们做一件事往往需要别人的肯定。"[1]

巴菲特所说的"买一家公司的股票等于在买这家公司"，即"价值投资"，这种价值投资方式实际上是实业投资思维方式在股市上的应用，一般都是长线投资。由此看来，以实业起家的段永平会坚持价值投资也是意料之中。他一直认为，现在做投资和当初投资步步高是

---

[1]项一诚、邱舢：60后段永平：从企业家到幕后教父，《国企》，2018年第9期，第78页。

一样的，只不过在投资步步高的同时，他也在做经营。他说：

> 这个企业的所谓价值其实就是它折现的价值，就是你按这个企业的整个生命算下来总共值多少钱，再把它折现到今天。考虑到利息、复利，如果你现在买的价格低过它的价值，就可以买。[1]

这句话背后的支撑点就是：价格围绕价值上下波动。看起来似乎很简单，但是要找到一家企业的价值，却是十分困难的事。事实上，大部分人投资炒股，并不会提前深入研究企业本身，更多的是在看图看线，如此一来，投资者会很容易受价格的影响，被"割韭菜"。

所以，段永平认为，在选择股票时，最重要的还是要了解它代表的企业的真实状态，要根据目前看到的情况，推测出这家企业未来的发展潜力。尤其是碰到那种价值被市场严重低估的公司时，就是一个绝佳的买入机会。

要找到被低估的公司并非易事。如何评估一家企业是否被低估，段永平认为有两大要素：一是团队；二是企业文化。团队的重要性自不必提。一家公司是否有良好的企业文化，也会对其价值评估产生重要影响。股神巴菲特曾向其股东推荐过几本书，其中一本是《杰克·韦尔奇自传》。杰克·韦尔奇曾带领通用电气公司走上发展巅峰，他在管理企业时就十分注重企业文化问题，由此即可推断出巴菲特对企业文化的在意程度。

同样地，段永平在甄别一家公司是否值得投资时，他的依据从来不是公司财报。他说自己从来不会仔细研读公司财报，他会找一位专业人士看完后给他一个结论。段永平说：

> 我在乎利润、成本这些数据里面到底是由哪些东西组成的，你要知道它真实反映的东西是什么。而且你要把数据连续几个季度甚

---

[1] 张祖珍：段永平，照巴菲特说的做，《新财富》，2006年第8期，第105页。

至几年来看，你跟踪一家公司久了，你就知道他是在说谎还是讲真话。好多公司看起来赚很多钱，现金流却一直在减少，那就危险了。[1]

段永平认为，真正的投资者应该是"目中无人"的，他关注的是企业本身，诸如别人是否看好这家企业、是否购买其股票、企业股价走势等因素，均不在考虑范围之内。他需要做的是查阅目标公司的所有人物和业务资料，以便看懂该公司的未来现金流，由此对该企业是否属于被市场低估者做出更精准的判断。一旦挖掘到好的企业，自己有富余的现金，又恰逢其股价在下跌，这便是一个绝佳的买入机会。

这里蕴含的逻辑是："你认为这只股票值 20 元，但现在只有 5 元，你就应该多买。它跌到 4 元，你应该很高兴，继续买，如果没有，你就束之高阁，不要管了。但是反过来讲，如果你发现这个企业其实不是一个好企业，虽然股价掉了很多，依然远超过它的价值，你就应该卖，跟你亏了多少钱是没关系的。"[2] 无论是买入网易、UHAL 或通用电气等，段永平所做的投资都因遵守上述思路而大获成功。他说：

> 所以你的投资是跟你过去的经历有很大关系，跟你能搞懂的东西有很大关系。你的判断跟市场主流判断没有关系，两者可能有很大时间差。我判断的是他的未来，而市场是要等企业情况好了才会把价格体现出来。[3]

2001 年底，段永平以 1 美元左右的价格大量买入网易股票，短短两年时间，网易凭借网络游戏起死回生，其股价飙升至 70 美元一股。在这一过程中，段永平有很多次机会可以卖掉手中的股票，但是他没有，因为他清楚网易的企业价值是被市场低估的。

[1] 李岷：段永平的美国路，《中国企业家》，2007 年第 3 期，第 46 页。
[2] 张祖珍：段永平，照巴菲特说的做，《新财富》，2006 年第 8 期，第 106 页。
[3] 李岷：段永平的美国路，《中国企业家》，2007 年第 3 期，第 46 页。

为了更深入了解游戏市场，段永平安排步步高的投资团队每天泡在网上打游戏，玩网易游戏及其竞争对手的游戏。看似"不务正业"的背后，是深挖国内游戏市场需求，在游戏中发现制作公司的诸多问题，进而观察公司如何处理这些问题，以便掌握游戏公司的一线动态。一番操作下来，步步高的这支队伍对国内游戏公司情况了如指掌，为段永平的投资提供最全面的参考。

在寻找投资目标的过程中，段永平依然谨守巴菲特提出的"不懂不做，不要做空，不要借钱"原则。尽管阿里巴巴的股票走势一直不错，马云也是段永平十分欣赏的企业家，但段永平从来不碰阿里巴巴的股票，主要是因为他看不懂阿里巴巴的很多业务。

当然，段永平的投资也不只是局限于游戏、家电领域，像 UHAL 公司、贵州茅台集团、万科、苹果等，他都重仓过。针对投资对象，他说：

> 不一定天生就熟，但前提是我在投资或重仓时，我已经很熟悉了。我投资的东西有个最大的特点，都是跟我们的生活息息相关的，你让我投资一个完全没感觉的东西，我不太敢投。[1]

一直以来，段永平都是非常理智的实用主义者，即便转战容易让人冲动的投资领域，他依然坚守自我，信奉价值投资理念，屡创投资奇迹。在他看来，做投资与做企业、做产品的道理是相通的，其"内在价值"是关键。无论在哪一领域，做任何事情或决定之前，首先要对事情或目标有充分的了解与认知，同时要严格控制风险，如此方能拨开迷雾，寻到蒙尘的明珠。当然，做任何事情要完全杜绝风险是不可能的。但是，当我们能将风险控制在 20% 以内之时，再去放手一搏，离成功可能仅有一步之遥。

---

[1] 张祖珍：段永平，照巴菲特说的做，《新财富》，2006 年第 8 期，第 106 页。

第四节　拯救"网易"

1994 年，Mosaic 浏览器和万维网（www）出现并迅速普及，因互联网带来的新商业模式备受追捧，媒体及各类研究报告也开始力推互联网新经济。再加上美国减税降息等宏观政策的刺激，投资者纷纷将目光投向高速增长的科技股。只要和互联网沾边，或名称中有".com"的股票均受到热捧，大量资金流入科技股。更可怕的是，大部分投资者并不关心所投公司是否盈利，持续的炒作让互联网泡沫不断增大。

2000 年 3 月，以技术股为主的纳斯达克综合指数攀升至 5048 点，互联网泡沫达到最高点。美联储从 1999 年开始的加息行动、互联网公司盈利远低于预期以及《巴伦周刊》关于互联网公司乱象的报道等因素，最终刺破了庞大的泡沫。

3 月 13 日早上一开盘，就有大量思科、微软、戴尔等科技巨头数十亿美元的卖单同时出现，由此引发抛售的连锁反应——投资者、基金和机构纷纷开始清盘，互联网泡沫大面积破裂。

美股狂跌不止，网易却选择在 6 月份赴美上市，结果可想而知，其股价从 15.5 美元一路下跌，最低时只有 0.48 美元，市值也从刚上市时的 4.7 亿美元降到不足 2000 万美元。根据规定，纳斯达克证券交易所会对连续 30 个交易日股价低于 1 美元的公司发出退市警告，并限其在 90 天内改善公司业绩，否则该公司将被退市。雪上加霜的是，2001 年 9 月 4 日，网易因为 2000 年财务年报问题被美国证券交易委员会（SEC）停牌，此后网易重报了 2000 年的业绩，将此前公布的营收从 790 万美元减至 370 万美元。2002 年 1 月，网易被复牌。然而，网易重报财务年报这一行为，引发了部分股东对它的集体诉讼。

丁磊曾回忆说，2001 年他最迫切的愿望就是卖掉网易。但是在互联网泡沫破裂之际，对于互联网公司，人人唯恐避之不及，更何况还被曝出财务丑闻，丁磊的愿望注定落空。

丁磊开始寻求新的突破口。2002 年年初，网易推出网络游戏《大话西游 Online Ⅱ》，以此提振网易士气，只是用户数量有限。营销是丁磊的短板，他决定找一个营销高手咨询一下，于是想到了段永平。很快，两人就见了面。

令人困惑的是，对于此事，段永平和丁磊的回忆却不太一致。丁磊回忆说他是在 2002 年《大话西游 Online Ⅱ》推出后，去请教的段永平。而段永平印象中，丁磊是 2001 年去找的他。段永平说："他（丁磊）都不知道我是谁，不知道听谁说我对企业的理解还有些意思，所以来找我。那时候他觉得自己有一些问题。我比他大十岁，是过来人，教教小兄弟，吃个饭喝个茶，对我来说很简单。"

事实上，段永平早已对互联网公司产生了浓厚兴趣，他看中的是互联网危机下蕴含的巨大投资空间。对"互联网泡沫"一说，段永平不以为然，他坚信互联网本身并不是泡沫，"这个东西我们天天在用，怎么会是泡沫呢？"所以，他刻意同网易、新浪、搜狐等国内互联网公司保持接触，及时掌握最新动态。他也试水买过这几家公司的少量股票，只是他对这些公司的运作模式及其未来方向还存有疑虑。

丁磊的到来，让段永平十分高兴。当他听丁磊说网易打算集中力量进行研发、做网络游戏时，便鼓励丁磊坚持下去，说："你们的想法很好啊，如果公司像你们说的那样，现在这个价格显然是不对嘛。"经过段永平的一番开导，丁磊信心倍增，他想："自己有钱，有办法，为什么不回去好好努力？"

段永平自然不只是为了安慰丁磊而说好话，以小霸王游戏机起家的他深知游戏市场的巨大潜力。在这一时期，国内以盛大为主的网络游戏市场才刚刚打开，网易选择从门户网站转战游戏市场，不失为明智之举。

鉴于网易将重点开拓游戏市场这一领域，段永平对网易的兴趣更深了几分。通过查阅网易的财报，他发现网易是被严重低估的公司，当时网易每股价格仅为 0.8 美元，却含有 2 美元多的现金。[1] 唯一的瑕疵就是，网易正被诉讼缠身。为此段永平聘请了几位律师测算网易面临集体诉讼案败诉以及被摘牌的可能性，一旦败诉面临的赔偿金额问题。拿到律师的评测之后，段永平心里的一块石头落了地。

于是，在别人纷纷抛售网易股票之时，2002 年 4 月，段永平决定重仓网易。他手上大概有 100 多万美元，又从别人那里借了一部分，凑成 200 万美元买了 152 万股网易股票。后来，段永平又继续增持网易股票到 205 万股，占网易整个股本的 6.8%。对这次投资，段永平信心十足，他说：

> 以我做企业的经验，这个公司绝对不可能一直亏下去。我当时就觉得这个公司被严重低估了，但是什么时候投资会回来，其实我是没想过的。因为投资有一个最大的特点就是你不能给自己定目标，说我今年一定要赚百分之多少。因为价格是市场给的，但是价值是它内在的东西。所以最重要的是了解它的价值，然后等待市场最后给它一个公平的价格。一般来讲，这个时间也不会太长，大概最多也就 3 年。你只要有个两三年的耐心，找到好公司，拿在手里怎么着都是能赚钱的。[2]

---

[1] 李岷：段永平的美国路，《中国企业家》，2007 年第 3 期，第 44 页。

[2] 张祖珍：段永平，照巴菲特说的做，《新财富》，2006 年第 8 期，第 105–106 页。

网易果然没让段永平失望，很快，它凭借游戏业务及它为中国移动、联通提供的短信及其他增值服务业务实现大逆转，股价一路飞升。2003 年 10 月 14 日，网易股票猛涨到每股 70 美元，后来又突破 100 美元大关，段永平的财富随之激增。

即便如此，段永平也没有立即将网易股票全部卖出去。事实上，在这期间，如果仅仅是看价格，段永平有很多次机会可以卖掉所持股票，然而，作为价值投资理念的践行者，段永平一直认为，"卖掉一只股票的理由可能有很多，唯一不该用的理由就是'我已经赚钱了'"，因为这样很容易低价卖掉好公司。基于这样的认识，网易的股票段永平一直持有了 5 年，才陆续出手。

曾经，以不到 1 美元的价格买入网易股票的不只段永平一人，但是能坚持到 100 美元才卖的却不多。段永平的坚持主要基于网易步步为营、不以规模取胜的发展基调，是基于网易良好的企业文化，是基于网易的"本分"之心。因此，即便网易股价偶尔有所波动，段永平也不担心。段永平的坚持，给他带来的是惊人的回报。经此一战，段永平在投资界崭露头角，也让世人再次见证了价值投资理念的巨大威力。

第六章

价值投资的践行者

投资时，段永平从不瞻前顾后，或被他人的判断与想法所左右。在他看来，真正的投资者，必然是"目中无人"的，他只看得到所投企业，而不会在意其他人有没有买。

第一节 入手 "破产" 的 UHAL

对网易的投资让段永平一战成名，也让他更加坚定了对价值投资理念的信仰。价值投资的基本原则即以远低于价值的价格买进好公司的全部股份。这看似简单明了，在现实中，能真正理解并运用自如的却只有少数人。很多时候，大家遇到自认为好的股票价格下跌时，可能会控制不住地想买进，以便弥补此前错失的遗憾。然而，现实往往是，在买进之后，该股还在继续下跌，很多人就此被套牢。为何段永平能跳出这个怪圈？原因在于，与低价相比，段永平更关注该公司实际价值的评估。

股神巴菲特曾说过，在他了解一家公司之前，他是不会去看它的股价的。在评估一家公司的价值时，也不应受市场氛围的影响，而是要以公司拥有者的心态，审视该公司的综合实力，作出相对客观的判断。

2003 年，有朋友推荐段永平关注一家以拖车租赁为主营业务的美国公司——UHAL。这家公司自 20 世纪 40 年代便开始做租赁业务，其分店遍布北美洲，规模和市场影响力都不小。2000 年左右，为扩大公司规模，UHAL 不惜举债以实现多元化发展，并成立了保险子公司，从事高风险投资。

盲目扩张的结果便是债台高筑，仅保险子公司就给 UHAL 每年带来 1 亿多美元的损失。2003 年 6 月，UHAL 进入破产保护程序，其股价也由几十美元狂跌至 4 美元以下。

虽然是朋友推荐的，但是段永平依然认真做了背景调查。他说："就跟卖产品一样，做投资也要走访市场。"针对该公司的财报，段永平聘请了会计师和律师调查其资产及破产保护状况，得到的答案是该公司业绩并没有造假，其每股净资产达 50 多美元，而其现有股价却只有几美元，明显是价格严重背离了价值。同时，段永平特意通过电话了解了 UHAL 的业务与服务，还专门到其门店，亲身感受该公司的业务与服务。

通过考察，段永平发现，深陷债务危机的 UHAL，核心业务运营良好，在市场上也拥有较强竞争力，现金流持续充足。因此，段永平判断，只要它敢于断臂求生，及时退出高风险的投资领域，并出售部分商业地产，它的财务状况会迅速改善。于是，段永平在其股价跌到 3.5 美元时，买进了 100 多万股。

从注意 UHAL 到真正投资，前后差不多经过了半年时间。有人曾就此咨询过段永平，做一桩投资的决定为何要经历如此长的时间？段永平回应说："也就是半年中的某几天花了些时间。当自己觉得确实是那么回事后就开始买了。"

此后事情的发展验证了段永平的判断。2004 年初，UHAL 解除了破产保护，其股价随即一路上涨，2006 年，一度突破百元大关。2007 年 2 月，UHAL 的股价稳定在了 80 多美元以上。唯一的问题就是这只股票成交量太小，入手时间长，卖出比较困难，所以，段永平持有 UHAL 的时间相对较长。对于这次投资的收益，他说："光这一家公司，没仔细算过，可能就赚了七八千万吧。"[1]

事实上，这七八千万的收益并不是段永平一个人赚的钱，他自己在这只股票上投入的并不多，这些收益主要归他的朋友们所有。

---

[1] 李岷：段永平的美国路，《中国企业家》，2007 年第 3 期，第 45 页。

一直以来，段永平给外界的感觉是"独立投资人"，实则他的背后也有团队支撑——步步高集团的投资部，但是投资的资金并非来自步步高集团，而是源自段永平掌管的十几位朋友的账户，这些账户的资金总额比他自己的要高出许多。

面对如此庞大的资金，怕麻烦的段永平采取的是佛系管理方式，他不会刻意去记住这些账户和密码，也不会为了某个账户而专门去寻找一只高回报率的股票。通常，他一旦发现某只股票值得投资，忽然想起手上某位朋友的账户，在确认里面的金额之后，便用此账户买进股票。他说："好多账户，我半年都不进去一次。"

这些账户的主人来自海内外，大家之所以会如此信任段永平，不仅仅是因为他人品可靠，更重要的是其对股票的超强判断力，他经手的账户从来没亏过，部分原本亏损的账户，则由亏转盈。他说：

> 我投资最重要的原则是不懂不碰，不懂的股票，涨了跟我没关系，根本不去想它。我不是投某一产品、某件事情、某个时期，而是对一家公司的整个生命周期进行投资，买的时候就会有持股20年的打算。[1]

凭借辉煌战绩，段永平在投资界声名鹊起，他的投资动向成了行业风向标。对于自己的能力，段永平则保持了一贯的谦逊，他说："我只觉得做这东西好玩，好玩的同时还能帮到别人。大家在一块很开心，反正闲着也是闲着。"不过，他并不承认有所谓的"圈子"存在，他说，其实只是少数几个朋友时常在一起交流信息，谈论对某只股票的看法，他的看法也不会被全盘接受。

---

[1] 段永平：五问段永平，《中欧商业评论》，2013 年 5 月刊，第 131 页。

第二节 "失败"是为了更好地成功

巴菲特一贯主张，做长期投资时要争取成为公司的董事，以便深入了解甚至是介入公司的决策与管理，提出改善措施，最终将自己的投资风险降至最低。作为巴菲特的推崇者，段永平践行了这一理念。

2003 年的一天，段永平突然和朋友说，他新入手了一只股票。他告诫说："但你们别跟啊，我最主要的目的是想做做董事，想知道一家美国上市公司是怎么运作的。"这次他买的是美国一家餐饮公司——Fresh Choice。

这家餐饮公司挂牌纳斯达克，曾在美国加州、华盛顿州和得克萨斯州拥有 58 家连锁餐厅，尤其是在加州地区具有较高知名度，发展势头强劲。但是，到了 2003 年，Fresh Choice 的经营出现严重问题，股价持续下跌，负债较多。但是，就是这家呈现颓势的公司引起了段永平的注意，他发现 Fresh Choice 的股价虽然仅有 1.5 美元，但是每股的现金流还有 0.6 美元左右。段永平判断，按照这个发展速度，两年时间基本能收回成本。

于是，段永平陆续入手了 104 万股，成为 Fresh Choice 的第一大股东，并要求成为该公司的董事。2003 年 10 月，Fresh Choice 发布公告称，段永平成为该公司 7 名董事之一，占股 27%。

段永平真正进入董事会之后，却发现仅凭一己之力根本无力回天。先是因为语言障碍导致他无法与其他董事和管理层顺畅沟通，后又发现公司在应对业绩下滑问题时采取了很多愚蠢措施。他说："他们有些举动，比如继续扩张、给产品涨价，我做产品这么多年，明知道是错的，是非常愚蠢的快速自杀，当场即会阵亡，但我也说不上话，完全影响不到董事会的决策，何况有些决策是在我进去之前他们就定好的。"[1]

这恰好印证了巴菲特所坚持的观点："除非股东有权参与提名董事，否则董事会将会被动机不良的人充满，甚至会使公司作出愚蠢的商业决策。"

在管理层的错误决策下，原本尚有一线希望的 Fresh Choice 营业额骤减，短短几个月时间，公司的现金流由正变负。最终的结果就是，Fresh Choice 宣布破产，公司更换股东，被纳斯达克摘牌，段永平投资失败。

一百多万美元的损失对段永平来说在可承受的范围之内。他说："我捐的钱都不止这个数目"，更何况，他原本的目的只是想进入一家美国公司，深入了解下这里的公司是如何运作的。这和巴菲特的观点一致，毕竟每次投资的规模很大，如果对美国的上市公司完全没有概念，是相当危险的。在段永平看来，这次损失的一百多万美元相当于交了学费。

塞翁失马，焉知非福！通过这次失败的投资经历，段永平深刻地体会到，一家公司能否长远发展，不仅取决于它的管理层，还取决于公司董事的决策水平。因此，在选择投资对象时，公司董事的背景以及他们的决策风格，也是必须深入挖掘的内容。正是因为要考虑的因素繁多且必须深入，所以，段永平一旦找到合适的投资目标，都是绝对集中的投资。通常情况下，他长期持有的只有两三只股票。对此，段永平解释说，巴菲特的伯克希尔·哈撒韦公司千亿级的市值，前后

---

[1] 李岷：段永平的美国路，《中国企业家》，2007 年第 3 期，第 45 页。

投资的公司仅仅有十多家，如他这般刚刚涉足投资领域的，投两三家足矣。这并非是盲目跟风巴菲特，段永平最初也曾入手过数只股票，后来发现根本做不下去，因为要完全了解一家公司需要耗费大量时间与精力。

进入公司做董事，虽然是全面了解一家公司的最佳方式，但是"内部人员"这一身份，却制约了买卖股票的自由度，所以，"做董事对于个人投资者来说不是一件非常舒服的事情"。有鉴于此，段永平对再去某家公司担任董事有了更多顾虑。他说："现在，我一家公司的董事都没做，但以后很难讲。现在有家美国上市公司在请我……有可能吧。"

巴菲特说，投资比你想象的要简单，但也比看上去要难。简单之处在于一旦你找到被市场严重低估的公司，即使你只拥有一只股票，可能会获得数倍乃至百倍的回报；困难之处在于，如何挖掘出被市场低估的公司。段永平豪掷百万，争得董事身份参与公司决策，虽以失败告终，却印证了公司董事的决策能力对公司发展走向的影响力。股东必然希望董事们能代表他们做出最佳决断，为股东们争取最大利益，要实现这一点，股东成为有决策权的董事不失为一种好的途径。在践行价值投资理念的道路上，即便不能由股东身份变为公司董事，也要像段永平一样，在做出投资决定之前，将公司董事列为重点关注对象之一。

值得一提的是，段永平认为自己从投资 Fresh Choice 一事中还获得了难得的经验。他亲身体验了美国公司破产程序的完整的运作过程。让他佩服的是，美国公司的整个破产过程有条不紊，并没有影响到正常经营，他感慨地说，"中国公司如果要面临破产，一定是溃败。"

第三节　与巴菲特的"天价午餐"

移居美国的段永平行事低调，鲜少出现在媒体面前。然而，2006年，一则"段永平以 62.01 万美元拍得'巴菲特午餐'，成为与巴菲特共进午餐的第一位华人"的消息，将其置于风口浪尖之上。

自 2000 年开始，股神巴菲特筹划了"与巴菲特共进午餐"慈善拍卖活动。该活动每年举行一次，最终竞得者可以同巴菲特在纽约曼哈顿史密斯与沃伦斯基牛排餐厅共进午餐、聊天及合影，同时竞得者还能邀请 7 名亲友共同参加这场午宴。拍卖所得款项全部捐赠给旧金山的格莱德基金会（巴菲特与夫人苏珊认为，格莱德基金会是世界上最好的慈善机构之一），以帮助美国旧金山海湾地区的穷困和无家可归者。

从 2003 年开始，拍卖活动移师 Ebay，改为网上拍卖，在网络的助力下，全世界崇拜巴菲特的人均有机会一决高下，并且竞拍者互不知晓身份，保密性更高，竞争也更为激烈。2006 年的竞标异常激烈，5 名竞标人一共出价 29 次。6 月 29 日晚，一名台湾的梁姓商人和一个网名"Fast is Slow"的人展开最后角逐，最终，网名"Fast is Slow"的人以 62.01 万美元的高价获得与巴菲特共进午餐的荣耀。

这位神秘网友就是段永平，其网名取意"欲速则不达"，这也是他的做事原则，稳扎稳打。对于段永平的出价，《福布斯》杂志开玩笑说："可能段真的很饿，他这一顿饭要花掉比去年多近一倍的价钱。"

要知道，2005 年，巴菲特午餐的落槌价仅为 35.11 万美元。

之所以愿意出如此高价争取到与巴菲特共进午餐的机会，主要源于段永平对巴菲特的特殊感情。他说，自己到美国之后，会转行做投资，和巴菲特有很大关系，如果没看过巴菲特的书，受其观点启发，他大概不一定敢去投资。所以，和巴菲特共进午餐是他一直以来的想法，就是希望有一个向他当面道谢的机会，并和他聊一些投资的细节问题。而另一个驱使段永平一掷千金的原因是，段永平夫妇一直致力于慈善事业，把这些钱捐给慈善基金会本就是他们的意愿，一举两得。

至于比上一届高出近一倍价格的事，段永平说，"我又不是把跟巴菲特吃饭当成生意。我就是想给他老人家捧个场，告诉世人他的东西确实有价值。他不是缺这个钱，我也不是为了这顿饭，不讨一个秘方、锦囊妙计，哪天拿出来一看，就能发大财。这都是胡扯，我就是觉得好玩。"[1]

在他看来，这顿饭本就是无价的，"我觉得多少钱都不为过，但凡事都有个度，我自己就很随意地设了这么个价钱，这个反正是在我们基金会的预算之内。"[2]

事实上，花钱"向名人请教"也算是段永平的一贯做法。了解他的人都知道，他唯一的运动喜好就是打高尔夫。2000 年，为提升高尔夫球技，他以每小时 2 万美金的高价，买得与全世界最知名高尔夫球手泰格·伍兹同场切磋球技的机会。

当然，这并非意味着段永平挥霍无度。除了在自己的爱好上不吝惜钱财之外，他最大的支出项目是慈善捐助。他每年都会给国内捐钱，只是不会刻意宣扬。他记得最早捐钱是华东地区爆发洪灾的时候，然而，令他失望的是，捐完钱之后并没有人告知他钱的最终去向。他

---

[1] 李岷：段永平的美国路，《中国企业家》，2007 年第 3 期，第 42 页。

[2] 张祖珍：段永平，照巴菲特说的做，《新财富》，2006 年第 8 期，第 105 页。

说："这说明国内慈善募捐的环境还是不太好。在美国，我和太太建了 Enlight Foundation（家庭型慈善基金），我们在斯坦福大学还建了一个基金会，专门资助中国留学生，就是说捐钱不一定非要捐到中国来，但是它可以和中国有关系。"

即便有所谓"键盘侠"的质疑，段永平依然泰然自若，并不打算回应或是迎合那些负面评论。经过一年的准备，2007 年 5 月 9 日，段永平与巴菲特如约出现在史密斯与沃伦斯基牛排餐厅。两人仿佛许久不见的老友，天南海北地聊了三个多小时，从投资、慈善，再到高尔夫、女朋友，等等。巴菲特的风趣、谦逊让段永平更为折服。这次"天价"交谈，段永平最关心的问题只有一个："你 40 多岁时，当你有很多钱却没有投资目标，或者你找到目标手里却没有钱的时候，你是什么样的心情？"[1]他并没有问巴菲特碰到这种情况该怎么办，而是问其 40 岁时的心情，是因为段永平并不需要巴菲特教他如何去做，而是想以此获得更多的认同与共鸣，一如当初他转行投资时所受到的巴菲特理念的激励与启发。事后，段永平还特意给巴菲特写了一封邮件，再次感谢巴菲特给予他的启发与帮助，正所谓"听君一席话，胜读十年书"。

至于参加竞拍的原因，段永平回应说："这件事就像很多人每个礼拜会去教堂，很多东西他们早就知道，为什么还要去呢？这里面有很多东西可以琢磨。一个人如果做投资的话，拿出身家的百分之几去跟巴菲特这样的人聊聊天是很值得的。"[2]

一直以来，段永平的每个决定都源于他的初心，从出走小霸王到创立"步步高"，从为爱放弃如日中天的事业到转战投资，从低调做公益到"天价午餐"，在每一次面对人生重大转折时，他从不在乎世

---

[1] 小清马：人生赢家段永平，《金色年华》，2016 年第 15 期，第 43 页。

[2] 段永平：五问段永平，《中欧商业评论》，2013 年 5 月刊，第 131 页。

人的眼光或做法，只是遵从自己的"本心"，做出自己认可的选择。一如投资时，段永平从不瞻前顾后，或被他人的判断与想法所左右。在他看来，真正的投资者，必然是"目中无人"的，他只看得到所投企业，而不会在意其他人有没有买。这并非是他有"众人皆醉我独醒"的傲气，而是讲究凡事在全面了解之后，要有自己独立的判断，如此方能不被市场表象迷惑，探寻到企业的真正价值。

第四节 在别人恐惧的时候贪婪

熟悉股市的人都知道巴菲特曾说过一句话："在别人贪婪时你恐惧，在别人恐惧时你贪婪"，意在寻到被市场严重低估价值的好公司，入手并长期持有其股票，其背后映射的就是"低买高卖"这一经典原则。看似简单的原则却需要投资者摆脱"羊群式"的从众心理，具备对整个市场博弈机会与风险的非凡辨别能力，做出基于自我认知能力的最优选择，尤其是在股市出现剧烈动荡之时，更需要投资者把握好"恐惧"与"贪婪"的时机。

2008 年，美国爆发次贷危机，波及全球市场，雷曼兄弟、AIG 等多家金融机构纷纷破产或遭受重创，美股暴跌，市场动荡。无论是美国还是其他国家，金融市场一片混乱，市场上普遍的恐慌情绪加剧了经济的波动。

此时，段永平却认为自己的机会来了，他告诉一位记者："这可能是我们这辈子能遇到的最大一次机会。"此时，段永平虽然没有明确的投资目标，也不好判断股市最终走向，唯一能确定的就是他必须把手里所有资源调动起来，去抓住一生中难得一遇的机会。最终，他将目标锁定美国通用电气公司。

事实上，早在段永平经营步步高公司的时候就注意到了通用电气公司。彼时，段永平正寻求创建企业文化之法，在看了通用电气前CEO 杰克·韦尔奇的自传后，大受启发，被通用电气公司强大的企业文化深深折服。

通用电气公司由伟大的发明家爱迪生创办，历时百年发展为世界上最大的多元化服务公司，业务涉及飞机发动机、发电设备、金融服务、医疗造影、电视节目以及清洁能源等。尤其是在杰克·韦尔奇的领导下，通用电气的管理及企业文化有了全新改观，市值从1981年的120亿美元飙升至1998年的2800亿美元，一度成为全球最强大的公司。

从学习杰克·韦尔奇的传奇管理到思考通用电气基业长青的秘诀，段永平花了很长时间专门研究通用电气公司的历史与文化，尤其关注通用电气公司长盛不衰、其董事会总能选出优秀CEO的内在原因。转做投资之后，段永平也曾关注过通用电气的股票，只是碍于其股价高而放弃了。

2008年，受金融危机和旗下的通用电气资本利润下滑影响，通用电气公司股价从38美元一路下跌。同年10月2日，巴菲特宣布将收购30亿美元通用电气永久性优先股，并获得在未来五年内的任何时候以每股22.25美元的价格，购买30亿美元通用电气普通股的权利。对此，巴菲特在采访中说："我已经观察通用电气这家公司很久了。现在的市场给了我们大量的投资机会，而这在6个月或一年之前是难以想象的。"

然而，巴菲特此举并未成功阻止通用电气股价的下跌，恐慌情绪依旧蔓延，关于通用电气的负面新闻日渐增多。2009年2月20日，通用电气股价跌破10美元。此时，段永平开始入手通用电气的股票，出于对市场的担心，他对是否重仓还存有疑虑。3月4日，通用电气股价再次暴跌，一度低至5.73美元，这也是通用电气自1991年12月以来首次跌破6美元，以至于有看空者预言，"通用电气将会是下一个AIG"。

为提振市场信心，时任通用电气公司董事长兼CEO的伊梅尔特对外声明，公司整体的形象受损是他领导不力，但通用电气是一家拥有一百多年历史的成长型企业，经历了九次衰退和一次萧条。他正努力推动公司抵御衰退周期，并在未来几年调整公司业务结构，将金融业务压缩到 30% 以下，公司将会从新兴市场的增长、清洁能源和可持续医疗等方面受益。同时，包括伊梅尔特在内的通用电气高管联手买进了 25 万股。

当时，几乎所有公司都面临股价下跌、经营困难问题，但很少有像通用电气的高层这样，主动出来检讨错误并调整对策的，这大概就是通用电气与其他公司文化不同之处。由此，段永平对通用电气的发展有了更大的信心，也促使他做出了重仓通用电气的最终决定。他说：

> 我认为金融危机并不会摧毁 GE（通用电气公司）强大的企业文化，GE 的问题只是过去的一些策略错误造成的，假以时日一定可以改正。伟大公司的错误往往就是千载难逢的投资机会。[1]

虽然段永平始终未能完全看清楚通用电气公司到底涵盖哪些业务，也未能分析透彻其所有业务模式的优劣之处，但是，他坚信，"通用电气有这么多的尖端技术，比如环保技术，只要人类发展，就会需要。……现在已经六七美元了，比它的价值实在低多了。"

此后的一段时间里，段永平不断想办法筹集资金，买入通用电气的股票，直至其股价高于雅虎时才停止。虽然段永平并不愿意透露最终的持股总数，但是按照以往做法，他只要出手，就是金额比较大的投资，他表示自己最初动用了一两亿美元的资金购买通用电气股票。2010 年 3-9 月，通用电气的股价回升至 14 美元多，仅半年时间，价格便升了一倍。据此推算，段永平仅凭通用电气这一股，半年时间至少有上亿美元的回报。

---

[1] 摘自段永平网易博客《我为什么买 GE》，2010 年 3 月 29 日。

值得一提的是，此次在对通用电气的投资上，段永平的入股价比巴菲特要低很多。于是，曾采访过段永平的《第一财经日报》记者写了一篇博文《段永平投资 GE（通用电气公司）超越巴菲特》。段永平看到后，特意给那位记者打了电话，称决不能妄言超越巴菲特，"不然就像有人高尔夫打了个小鸟，就说自己已经超越老虎伍兹一样。跟巴菲特比，我们的投资还有点像过家家，完全不在一个级别。"[1]他还表示自己能低价入手通用电气股票，更多的是运气，段永平的谦虚、本分由此可见一斑。

2009 年，段永平入手的股票中，通用电气的股价虽然不是涨幅最大的，却是他持有最多、获利最大而风险最小的一只。虽然他声称这是因为自己运气好，但从其投资心路历程看，对通用电气本身的价值判断才是他入手的决定因素，而此判断则是基于他对通用电气企业文化的了解与信心。归根到底，段永平自始至终保持着理性的判断，按照投资三原则"不做空，不借钱，不做不懂的东西"行事，并在别人恐惧时买入股票，在别人贪婪时果断卖出。

对普通投资者而言，或许无法像段永平那样慧眼如炬，但是要做到逆向投资也并非不可能。

首先，要尽可能摆脱从众心理，全面收集信息，关注公司而非股价，有意识地锻炼批判性思维，将情绪因素降至最低。

其次，要放弃"抄底"思想，在断定公司价值已被市场严重低估时，即可买入。

再次，未来始终充满着不确定性，即便是巴菲特，也不能保证每次投资都会有回报，因此，在投资时要有充分的心理准备。最后，不要轻易满仓，除非你能承受任何可能的下跌，同时尽可能避免加杠杆。

以上是做价值投资时的几点参考，不构成投资建议。

---

[1] 橡子：段永平再创投资奇迹，《企业家信息》，2010 年第 4 期，第 54 页。

第七章

反其道而行之

　　投资多元化是个伪命题。所谓投资多元化指的是理财，它和投资是两种不同的游戏。理财是鸡蛋太多，放进不同的篮子里，通过盈亏平衡达到保值目的。而对于投资而言，一旦认准了好的篮子，就不存在鸡蛋太多的问题。

第一节 鸡蛋也可以放在一个篮子里

无论是做实业还是投资，段永平内心认定的原则与标准从未改变。如同在经营步步高集团时所坚持的"非多元化"战略一样，段永平在投资时也讲究绝对集中，长期持有的股票只有两三只。他声称巴菲特也仅仅持有十余只股票，自己投两三只足矣，因为自己能看懂的公司少之又少。对于投资界中"鸡蛋要放在不同的篮子里"的说法，他有不同的观点，他说：

> 投资多元化是个伪命题。所谓投资多元化指的是理财，它和投资是两种不同的游戏。理财是鸡蛋太多，放进不同的篮子里，通过盈亏平衡达到保值目的。而对于投资而言，一旦认准了好的篮子，就不存在鸡蛋太多的问题。[1]

一般而言，大家认定重仓，尤其是重仓一两只股票，无疑是高风险、不理智的行为。事实上，段永平也曾做过短线，不过这更像是娱乐或者练手。在他看来，短线炒股并不能称为投资，而是一种投机行为，它和去澳门赌博并无本质区别。当然，段永平承认有部分人通过

---

[1] 朱健："中国巴菲特"的投资法则——访步步高集团董事长段永平，《浙商》，2009 年第 12 期，第 43 页。

短线赚到了大钱，但是，他认为，"这和中彩票一样，是旁人学不来的，但也无可厚非。"

从段永平投资网易、美国通用电气等公司股票的收益率来看，段永平说的"鸡蛋可以放在一个篮子里"并无不妥，也绝非运气眷顾。不过，段永平的"集中投资"针对的是长线投资，是建立在全面考察投资目标、确定该目标具有巨大上升空间基础之上的。然而，要找到自己能看懂且被市场严重低估的公司，并非易事。因此，一旦找到合适目标，段永平往往是重仓持股。2011年，段永平又做出惊人之举，在苹果公司股价不断攀升之时，率领OPPO、vivo员工一起重仓苹果，甚至大胆预言苹果可能会成为全球市值过万亿美元的公司。果不其然，2018年8月，苹果正式成为全球首个市值破万亿美元的公司。

段永平的精准判断源于他对苹果公司的长期关注及深入了解。作为资深"果粉"，他主要通过苹果产品发布会、苹果公司官网等途径，抽丝剥茧，获得相对真实、全面的信息。翻看他的博客，很多内容都是他对苹果公司文化及产品使用感受的分享，对苹果公司，他从不吝啬自己的夸奖。这种喜爱是基于对苹果公司强大的生意模式和企业文化的认可。

就生意模式而言，段永平看重的是苹果的单一品种模式。"单一"一定程度上意味着专注、极致，意味着可以集中兵力将产品做得更好，并持续、快速进行更新迭代。段永平观察到，受益于"单一品种模式"，在保证质量的前提下，无论是单位开发成本、材料成本还是渠道成本，苹果公司都做到了很低的程度，但同时它又在新产品、新技术研发上投入了大量资金，单个产品的开发费实际上是非常高的。苹果的营销模式在行业内同样做到了极致，无论是乔布斯充满震撼的产品发布会，还是苹果产品的广告，在行业内均成为标杆。对此，段永平称赞说，苹果单一产品的模式实际上是我们这个行业里的最高境界，以前我大概只见到任天堂做到过。

从做小霸王就追求品种单一的段永平，深知单一产品模式的优势与困难，也因此与苹果公司有了更多共鸣。只是，在这样一个电子产品迅速迭代的时代，很少有公司意识到单一品种的优势并主动去执行。他认为，更多公司偏爱的是多品种策略，以便于在更大范围内击败更多对手、占领市场。但是，这种多品种模式的弊端在于极易产生库存积压（这对于快速迭代的电子科技产品来说往往是致命的）和品质降低问题。

就企业文化而言，最具特色的当属苹果公司的精·简文化。在乔布斯的影响下，苹果公司坚持简单至上，造就"简单而丰富"的核心理念，让用户体验达到最佳状态。肯·西格尔就曾在《疯狂的简洁》一书中写道，"对于乔布斯来说，简约是一种信仰，但同时也是一种武器——这种武器让他能够狠狠地教训那些曾经以为自己是不可战胜的竞争对手。"

回顾苹果的成长历程，它自 1980 年上市以来，除了乔布斯短暂离开的时期，其他时期基本都受到市场追捧，并非一般意义上的"被市场严重低估的公司"。与曾经的网易相比，苹果的上升空间要低很多。这也是段永平一直犹豫没敢买入的原因所在。

2011 年 1 月 21 日，段永平手中股权到期，会释放大量现金。于是，段永平开始认真考虑买入苹果的可能性。他说："我决定买苹果以前主要想的是他们是不是还有可能成长，有多大的空间可以成长，威胁都可能来自什么地方，等等。我不去想它现在的股价和过去的股价，尽量用平常心去看这家企业。"他判断目前苹果还处于成长的早期，还有很大的空间，以苹果的发展速度，苹果的年利润将来可能会达到 800 亿美元甚至更多。

因此，1 月 21 日，手中股权刚一到期，段永平便以每股 40 多美元的价格重仓苹果，这一次是将 2010 年赚的钱全部投了进去。在外人看来这颇有"孤注一掷"之感，都惊叹其巨大的勇气与魄力。对此，段永平说：

> 投资不需要任何勇气。投资做的是"两块钱的东西，一块钱
> 卖给你"的生意，这不需要任何勇气，只需要你确信它是值两块
> 钱的。反之，一个投资者，如果需要借助勇气，那么说明他在恐慌。
> 之所以恐慌，是因为他对投资产品不了解，而这恰恰是与巴菲特
> "不做空，不借钱炒股，不做不懂的东西"的投资戒律相抵触的。
> 需要勇气的是投机。区别投资和投机这两种类似行为的一个有效
> 办法就是，当股票价格下跌的时候，投资者不会感到恐慌和害怕，
> 而投机者会。[1]

在段永平的观念里，一旦确定了投资目标，出手就应该快、准、狠。这份坚定与专注，让段永平具有了运筹帷幄、杀伐决断的能力。他说，下不了决心的往往是似懂非懂的人。

历史再次印证了段永平的实力。2018 年，苹果股价一度突破400 美元，跟随段永平一起重仓的 OPPO、vivo 的员工随之成为坐拥百万、千万的富豪。

对短期投资者或者投机者而言，"鸡蛋放在一个篮子里"极可能产生巨大风险，尤其是不慎买到垃圾股时，损失将极为惨重。但是，对于长线投资而言，将"鸡蛋"放在一个精挑细选的篮子里，或许能看护得更为全面、周到，得到的回报往往会高于预期。值得注意的是，"篮子"的挑选要慎之又慎，没有目标时可将钱暂时存放起来，耐心等待合适的机会。等待可能十分煎熬，但是与其因盲目投资而亏损，不如多做调查，做到知己知彼，百战不殆。

---

[1] 朱健："中国巴菲特"的投资法则——访步步高集团董事长段永平，《浙商》，2009 年第 12 期，第 44 页。

第二节　"做空茅台"风波

2013 年 1 月 28 日，在投资者的社交网络平台——雪球上，一位网名"地面静风"的网友发布了一则茅台美国送检结果的消息，声称在三瓶送检的茅台白酒中，有一瓶 53 度飞天的塑化剂（DEHP）含量超标，其余两瓶则低于国家规定的最大残留标准。受此消息影响，贵州茅台当日股价大跌。

"地面静风"称此次检测是受朋友委托，公布此次检测结果只是为了给公众释疑。事实上，2012 年 11 月白酒行业被曝出塑化剂事件后，贵州茅台便被推上了风口浪尖，媒体披露了数份不同检测机构出具的检测报告，但是报告结论各异，一时间议论纷纷。对此，茅台董事长曾公开表示，针对茅台的塑化剂事件是由有境外资金支持的"水晶皇"（网名）一手策划。

在"美版塑化剂事件"持续发酵后，有媒体迅速挖出"地面静风"是段永平。随后，质疑段永平"做空"茅台的消息甚嚣尘上。或许是这些传闻触碰到了段永平的底线，一贯低调的段永平在雪球上火速做出回应，他解释道："确实是我委托朋友去送检的，那瓶 30 年的茅台因为检测的指标多，时间确实有点长。报告上能有的都有了，大家只要不带预设观点去看，或许能有个理性的结论？如果茅台会为了改善口感加点啥的话，那 30 年的茅台肯定是最有动机加的，检测结果很能说明问题"。

即便说得如此透彻，段永平还是担心社会公众误解他的想法，就进一步澄清："茅台的部分产品会出现塑化剂超标问题，应该是受工艺或环境等因素的影响"。

其实，段永平一直很关注并认可茅台的商业模式，所以在茅台股价还很低的时候就投资入股。但是，他担心茅台的治理结构出问题，尤其顾虑茅台为了做大而破坏原来的产品文化。他说："茅台推出53度飞天的那些产品让我感觉有点别扭，不然茅台就真的非常非常像喜诗糖果（巴菲特十分钟爱的一家公司，作者注）了。不过，只要茅台53度系列还是公司营业额的主要来源，茅台就还算是比较健康"。

除"美版塑化剂事件"之外，"做空茅台"风波还涉及《中央反腐倡廉八项规定》所带来的影响，当时很多投资者、投资机构都因此对白酒产业有悲观预期。段永平抛出观点："禁酒令对茅台销量的影响应该不会太大"，但为了不影响投资者决策，他特别提醒"纯属个人看法"。

坦荡做人、认真做事是段永平深到骨子里的性格，他公开表态："我绝不可能做空任何一只股票的，当然也绝不会做空茅台，看了这次检验结果后想多买点倒是真的。"

坚持"不做空"，是段永平从多年投资经历中得出的经验。2010年，段永平在接受媒体采访时，曾说自己唯一一次不可原谅的愚蠢的投资经历就是做空了某家网络公司。"之前投资表现非常好，有点飘飘然，真以为自己很厉害。开始还是想小玩玩，后来又不服输，最后被架空而投降，所有账号加起来亏了很多钱"，导致有个账号多年都处于亏损状态，此后他再未做空哪家公司。后来，他在博客中写道："做空有无限风险，一次错误就可能致命。而且，长期而言，做空是肯定不对的，因为大市一定是向上的。"

实际上，段永平很少涉足A股市场，因为他认为在A股市场，很难摸清一家公司未来发展趋势和走向。但是，从2012年开始，段永平以每股 180 元到 120 元不等的价格，陆续买入茅台的股票。当时，茅台因塑化剂等问题，股价走势并不好。但是，段永平认为："便宜或贵的说法取决于对公司 10 年后的状况的认识，很难在 A 股上找到能看明白 10 年或以上的公司。我喜欢茅台也是基于这点。"在他看来，每股 120 元或 180 元的价格差别其实并不大，他做的是长线持有。

段永平特别关注茅台的原因在于茅台独特的生意模式。众所周知，酒文化在我国源远流长，而历史悠久的茅台集团，在生产高端白酒方面具有绝对优势：酿酒工艺独特，生产周期长，所处地理位置优越，且产品不受保质期限制，时间越久价值越高。无论是品牌还是品质，茅台在国内的认可度都是非常高的，在高端白酒领域一直居于龙头地位。更重要的是，它享有定价权，并能通过预收款政策影响当下及未来的收入，以平衡营收的季节性波动，生产成本大幅降低，利润丰厚。

最令段永平佩服的是茅台的企业文化。其中，茅台的灵魂人物季克良先生曾提出，"茅台酒的质量是我们的生命"，由此引申出茅台的铁律——"四服从原则"，即当成本与质量相冲突时，成本服从质量；当产量与质量相冲突时，产量服从质量；当效益与质量相冲突时，效益服从质量；当速度与质量相冲突时，速度也要服从质量。

"四服从"是茅台一直坚守的信念，无论市场风云如何变幻，茅台集团始终将质量摆在首位，"坚持高温接酒""不挖老窖、不卖新酒""出厂酒品的酒龄至少五年以上"，即便因此可能导致企业失去数亿元的销售收入，茅台人也依然执着于高品质的追求。长期而言，市场也确实给予了茅台正回馈，其产品供不应求，53 度飞天茅台一度成为稀缺品。

基于对茅台公司及其文化的认知，段永平一直看好茅台。当茅台集团因塑化剂事件而股价大跌、基金大量出逃之时，段永平便筹集资金增持茅台，这是他的惯常操作。即便在持有的过程中，茅台股价偶有降幅，段永平并不受其影响。在他看来，价值投资与当下的股价波动并无密切关系，他着眼的是未来，他确信茅台未来的市值绝不会只是当下的 1000 多亿。

当茅台深陷"四面楚歌"之时，段永平为何还有如此信心？这份自信源于他对企业独特的估值方式，他在博客中写道：

> 我其实并不懂通常意义上的估值，就是所谓股价应该是多少那种估值。我一般只是想象如果某个公司是个非上市企业，我用目前的市值拥有这家公司和其他的机会比较，哪个在未来 10 年或 20 年得到的可能回报更高（这里的回报其实是指公司的盈利而不是股价的涨幅）。所以，我能看懂的公司非常少，亏钱的机会也非常少，最后的结果自然是不错的。

因此，当他入手茅台之后，一直思考的是 10 年后的茅台会发展成何等规模。因此，当茅台后来涨到 300 元、500 元甚至 1000 元时，他也不为价格所惑，因为他并不在意某一时期别人凭借某一股票赚了多少钱，他只专注于自己的机会成本。

后来的事实再次印证了他的判断，2020 年，茅台的市值已超过 1.5 万亿，每股价格超过 1200 元。即便如此，段永平依然没有卖掉茅台股票的打算，因为他还未发现可以用茅台股票去替换的公司。

尽管"做空"在股票期货市场屡见不鲜，但是从股神巴菲特到段永平，却始终坚持"不做空"。曾经有人问过巴菲特，巴菲特说，"没人可以通过做空自己的祖国来赚钱"。当然，他们坚持"不做空"更重要的原因在于，"做空"获得的回报远不如"做多"高。简单来说，如果你在每股股价 10 元时做空，当它的价格跌到 1 元时，你的收益率为 90%，若再加上杠杆，可能会再多出几倍，其盈利空间并不大。但是，如果你像段永平一样，在茅台股价 130 元时买入，到 2020 年其股价已涨到 1200 余元，你的收益率可高达十倍，孰优孰劣，一目了然。

第三节　投资更要保持平常心

E. 迪姆森等人所著《投资收益百年史》一书，通过研究美、英、法、德、日等 16 个国家 1900-2000 年这 100 年的股债等资产的历史，得出一个有趣的结论：在这些国家，投资股票的长期收益率远高于长短期债券投资。换言之，以一个较长的历史时段作为参照，股权投资所带来的回报一定会高于债券或现金。

这一观点可能颠覆了很多人的认知，毕竟我们听到的往往是股市割韭菜的故事，久而久之便会先入为主，认定股市如同赌场一般，迟早会赔钱。然而，巴菲特、段永平的投资经历，却又点燃了无数人的希望。

无论是做实业还是投资，段永平往往被冠以"保守主义"的标签。他提倡在股市中保持"本分与平常心"。乍看之下，带有一种为规避风险而止步不前的意味。然而，从段永平数次成功的投资经历来看，这份"平常心"更多的是让大家回归理性，不被股市的纷扰所蛊惑。段永平说：

平常心，就是理性，就是回到事物的本质，就是做对的事情和把事情做对。[1]

---

[1] 摘自段永平在斯坦福校园与华人学生的交流对话，2018 年 9 月 30 日。

　　当然，投资者必须明白的是，在把事情做对的过程中，没有人是不犯错的，只是，一旦犯错，要立即改正，此时即便要付出很多代价，从长期来看将是最小的代价。对投资而言，一旦发现手中所持股票的公司的商业模式是错误的，最好的办法就是立即平仓止损，否则将要承受更大的损失。另一方面，如果持有的是优质股，则不能因市场价格一时的涨跌而轻易出仓，短线投资反而容易亏钱。

　　对于段永平而言，决定入手股票时，要做好持有10年的心理预设。一旦入手，便不必再关心短期的股价波动，而是要着眼公司的未来现金折现流，并且，着眼观察的时段越长越有助于摸清公司的内在价值，这更需要在诡异的股市中保持平常心，理性对待股价涨跌。久而久之，颇有一种"宠辱不惊，闲看庭前花开花落"的闲适感。

　　段永平说："'理性'地面对市场每天的波动，仔细地检查每一个自己的投资理由及其变化是非常重要的。好像我对投资的理解就是这么简单。但这个'简单'其实并不是太简单，事实上这个简单实际上非常难。"

　　保持"平常心"是基于对某一行业或公司的了解与观察，也即段永平坚持的"不懂不做"的投资原则。

　　2005年，段永平首次将目光聚焦于自己最熟悉的家电行业。通过观察调研，段永平决定以每股约1港元的价格买入创维数码的股票，一直买到差一万股到公司股份的5%时才暂停交易。之所以会在5%的临界点停下来，是担心创维数码误会他在恶意收购。只是当时创维创始人黄宏生因串谋盗窃及串谋诈骗创维数码5000多万港元被判监禁6年，段永平不方便与其沟通交流，便就此作罢。

　　当时，创维数码因公司高层频繁出事，股价暴跌，一度跌到1港元以下，市值仅有十几亿港元。即便如此，段永平认为，以他对家电行业及创维公司的了解，创维的内在价值约为200亿港元左右，属于典型的被市场严重低估的企业。当然，在段永平买入之后的三年时间里，创维数码的股价不涨反跌，一度跌到 0.3 港元。不过，段永平并没有因此减持手中股票，他相信自己的判断，认为创维一直以来都有自己的经营章法，可谓国内彩电行业里最健康的企业了，每年的营业额超过百亿元，且负债率很低，此时十几亿的市值显然是被低估了，毕竟仅创维公司的办公大楼的价值都接近十几亿元。因此，段永平并没有太关注创维 2005 年之后的股价变化。

随着管理层的整顿，创维在彩电行业屡创佳绩。2009 年，创维数码股票开始暴涨，股价超过 5 港元，市值将近 200 亿港元。此后，段永平开始陆续减持创维数码股票。在他看来，创维的市值达到 200 亿时已经超出低估的范畴，涨到 300 亿以上就属于高估其市值了。因此，尽管此时创维的股价还在一路上扬，段永平依然果断出仓。

这里有一个问题：如何给企业估值？段永平表示：

> 我对"估值"的定义基本上就是对企业的了解，只有当我觉得很了解很了解一个企业的时候，我才能对企业有一个大概的"估值"，这往往需要很长的时间。

鉴于公司的内在价值是无法精确计算出来的，毕竟公司是人经营的，而人和环境都处于不断变化的状态，所以段永平主要采用毛估估方法。所谓毛估估，即投资时只需对公司进行大概的估值。段永平说："我个人觉得如果需要计算器按半天才能算出来那么一点利润的投资还是不投的好。我认为估值就是个毛估估的东西，如果要用到计算器才能算出来的便宜就不够便宜了。"芒格也曾说过，从未看见巴菲特用计算器给一家企业估值。在段永平看来："大致的估值主要用于判断下行的空间，定性的分析才是真正利润的来源，这也可能是价值投资里最难的东西。"

当然，定性分析具有很多不确定性，高回报率的股票也绝不是靠估值算出来的。因此，多数情况下，我们即使很看好一只股票也不一定敢全部买入。即便是段永平，当初投资网易时，也没敢全仓买下它的股票。段永平观察的重点是一家公司的未来现金流折现，即有效净资产。这并非是一种计算公式，而是一种思维方式，要综合考量企业经营模式、市场占有率、盈利模式等多方面内容。他说：

> 我的理解是按"有效净资产"，也就是要把一些其实没用，就是如果你要有机会重建时不会花的钱去掉。没人能定量搞懂，只能毛估估。计算价值只和未来总的现金流折现有关。假如这是个算术题：也就是每年都一定赚一个亿（净现金流），再假设银行利息永远不变，比如说是 5%，那我认为这个公司的内在价值就是 20 亿。有趣的是，表面看上去和有多少净资产没关系。实际上，净资产是实现利润的条件之一。

按照此种思维方式，段永平声称，他只会买自己认为未来现金流折现大于现价的公司，他并不在乎这是不是最好的投资。像网易这种高回报率的投资往往是可遇而不可求的。

至于何时才是出仓的最佳时机，段永平坚持认为："无论什么时候卖都不要和买的成本联系起来。该卖的理由可能有很多，唯一不该用的理由就是'我已经赚钱了'。"否则，极易将手中的优质股低价位卖掉，或者在股价下跌该卖之时却紧握于手中，导致更大的损失。

段永平判断的标准是公司价值。譬如，在持有网易股票的八九年时间里，他几乎每天都会被股价所诱惑，最终抵住诱惑直到其股价突破 70 美元依然保留的原因就是他相信网易公司的价值远不止此。期间，由于要买入美国通用电气、雅虎的股票，他才出手了部分网易股票。创维数码的股票买卖也是基于同样的道理。

对于一只股票，持有 3 年、10 年乃至更长时间，如若缺少"平常心"，很难不受股市诱惑。或许，有人说这份"平常心"在股市中有些"不思进取"之意，极可能因此错过更多优质股票，何况股市本就是要冒险的地方，高风险往往意味着高回报。然而，我们必须明白，段永平心中的"平常心"本就包括了进取心，他说："没有进取心哪来的平常心！进取和平常不矛盾，进取不代表快，欲速则不达。有些人说企业家就是要冒风险，我说我不喜欢冒风险，但不喜欢冒风险并不意味着我不冒风险，任何事情都有风险，前提是对风险有确认度。"

当我们因股市的价格表象而困惑时，不妨看看段永平的经历与做法，在摸清公司内在价值的基础上，理性看待股价波动表象。

第四节　投资是为了做慈善

"投资是我的爱好，慈善才是我的工作。"段永平曾多次对媒体表达自己的这一观点，这并非要为自己树立伟岸的形象，而是他内心最真实的想法，他用行动印证了自己的至诚。2007 年 4 月 11 日发布的《2007 胡润慈善榜》上，段永平以 2.5296 亿现金捐赠，位列现金榜第二名。对于外界的赞誉，段永平并不关注，他说："我觉得做慈善没有什么了不起的，我们就是想解决自己的问题，要说什么伟大的贡献、榜样，纯属胡扯，我从来没有想过要给谁做榜样。"

随着投资带来的巨大财富，段永平开始思考如何尽快"花钱"的问题。在他定居的加州，个人所得税包括联邦税和加州州税（如果年收入超过百万还要加一个百分点的富人税），二者加起来要上交收入的 45%。如果是长期资本收益所得（即超过一年的投资收益），联邦税缴纳比例可降至 15%，加上州税也需要交总收入的 25%。但是，如果把股票直接捐给慈善基金或组织，最多交 2% 的税。

除了政府税制的刺激外，段永平一贯将钱视为累赘，他享受的仅仅是赚钱的过程。他说："我和我太太的观点差不多，钱不能留给小孩。作为家长来讲，给小孩最大的支持就是要让他有个足够受教育的条件，如果再有条件备用，就是希望他万一不慎的时候，不至于穷困潦倒，但实际上这些钱都需要得很少。"多余的财富如何花得有意义成为困扰段永平的大问题。

于是，夫妇二人在 2005 年成立了家庭慈善基金（Enlight Foundation），段永平将自己名下的部分股权捐给基金，由该基金运作教育领域的慈善项目。段永平认为公益慈善能在帮自己解决麻烦的同时，又可以帮助别人，是一举两得的好事，何乐而不为！虽然段永平没有对外透露过该基金的总值。但是，仅从网易和九城数码这两家公司文件显示，其家庭慈善基金在里面均有一定股份，在两家公司的持股价值加起来，2007 年已经超过 5300 万美元。[1]

当然，仅凭段永平一个人的力量是不够的。他做慈善的另一个重要资金来源是他替朋友做投资的那十几个账户。每次接管账户之前，段永平均会明确一些规则，即不能干涉他交易股票的自由、不能着急、盈亏自担，唯一的要求就是一旦赚了钱，要捐出一部分做慈善，捐款的比例没有硬性要求（一般都会捐 15%~20%）。对此，段永平说："虽然拿钱很心疼，但是他们大致都拿出来了，有些人赚了钱高兴了还会多拿一点。其实最后你要说不捐怎么办，我一点办法都没有。"

几年下来，段永平夫妇的家庭慈善基金做过很多著名的公益项目。仅 2006 年一年就有多笔大额捐赠：段永平拍得与巴菲特共进午餐机会的 62 万美元是该基金支付的；段永平和丁磊联合向斯坦福大学捐赠 400 万美元基金，旨在资助经济困难的中国留学生，其中部分款项就是家庭慈善基金捐赠的；段永平和丁磊再度联手向其母校浙江大学捐赠 4000 万美元，以段永平名义捐赠的 3000 万美元中，家庭慈善基金募集来的资金占了很大比例。

在慈善公益上，丁磊和段永平的想法基本一致，所以，丁磊也十分乐意投段永平的慈善项目。对此，段永平说："丁磊也是觉得钱留给自己没有用，他不是一个显摆和奢侈的人，他没有那么多时间去找慈善项目，所以一般我来找，我投，他也投。"

---

[1] 李岷：段永平的美国路，《中国民营经济与科技》，2007 年第 4 期，第 47 页。

其实，捐钱对于段永平来说并非难事，难的是如何让基金长期、高效运转。按照美国法律规定，慈善基金成立后，每年必须以基金价值的一定比例将钱捐出去。这意味着段永平夫妇每年至少要捐上百万美元，否则就要交税。但是，段永平并没有因为这项政策而草率行事，他秉持理性捐赠原则，认真考察每一个慈善项目，力争让钱发挥真正的作用，并且受赠对象必须保证捐赠款的去向公开透明。为达成这一目标，段永平想了两个办法。

一是参照国外大学基金管理机制，设立等额配比基金。2011 年 2 月 28 日，段永平夫妇向自己的母校——中国人民大学捐助 3000 万美元以支持母校发展，促进学科建设与人才培养。在这笔捐款中，有 1550 万美元（也有说 1530 万美元）用于设立等额配比基金，即一旦有个人或单位向中国人民大学有关项目捐赠一笔款项，等额配比基金便启动，捐赠约定比例的基金到该项目中。剩余 1000 万设立心平自立贷学金、心平留学贷学金，400 万捐助新图书馆建设，50 万捐助中国人民大学新闻学院设立"摄影和视觉传播研究发展基金"。[1]

二是与成熟的民间公益团队合作完成慈善项目。2008 年 9 月，刘昕发起成立心平公益基金会（非公募基金），专注于公益图书室项目，面向中国广大贫困地区和弱势群体集中的中小学，与公益伙伴开展合作，以帮助这些学校建立起自己的图书阅览室。例如，民间公益组织"多背一公斤"曾接受心平公益基金会 2000 册图书的捐赠，用于为四川两所小学建图书室。在图书室建成后，该组织必须向心平基金会提供所赠图书的购买、运输、签收凭证。相应地，心平基金会也会在其官网上公开所有账目，小到几元的车票也会一一公示。

至于外界对自己所做项目的评价，段永平并没有过多关注，无论褒贬，段永平的行事原则始终没变，他坦言，这个世界需要金钱的地

---

[1] 段永平：由穷书生变身国际投资者，《企业研究》，2010 年第 5 期，第 9 页。

方很多，譬如非洲，但是"作为捐钱的人，我没有办法知道哪个去处更好、更合理，我只能把钱投到自己能看到、感觉到被需要的地方。"而教育事业恰是他认为比较适合做公益的领域，因为这是授人以渔的行业。所以，他对母校的捐赠向来慷慨。不过，与很多人不同的是，段永平会和校方认真沟通确认每一笔钱的用途与分配形式，也会设立一些特别的激励机制，如他在浙江大学设立的助学贷款基金规定，受资助的学生必须在十年后连本带利还清，否则将会在网上曝光。做出这一规定的目的在于激励学生的创新精神，而非单纯的困难救助。

如果说段永平的投资堪称神话，那么他成功后对于慈善工作的热忱与执着、所秉持的理性捐赠理念，则创造了全新的捐助典范。如今，无论是功成名就的企业家、明星还是普通百姓，投身慈善公益事业的意愿越来越强，付诸行动的人越来越多。然而，大部分人主要是受怜悯之心驱使，缺乏系统而全面的规划，导致其慈善行为带有很大的随意性。加之不时发生的骗捐、诈捐行为，让国内的慈善公益项目蒙上了一层阴影，致使一些慈善组织公信力下降，降低了公众做慈善的热情。在这背后，段永平对待慈善的态度与行为回归理性，坚持透明公开，将"慈善"看成是一份工作，做到有目标、有计划、有步骤、有追踪、有公开、有成效，而非同情怜悯驱使下的感性选择，或许就能找到通向慈善公益的阳光大道，实现自我价值与社会价值的双重提升。

第八章

后段永平时代

　　当稳妥已经不再是时代的主旋律，是继续敢为人后、追随他人脚步，还是先人一步、引领未来方向，成为OPPO、vivo等段系企业必须直面的关键问题之一。

第一节　兵败小家电

21 世纪以来，随着互联网、电脑、手机的普及，国内 DVD 等视听产品的市场急剧萎缩，导致曾以 VCD、DVD 称霸行业的步步高集团一度陷入产品滞销困境。为寻找新的"增长极"，步步高集团开始重新定位其产品市场。早在 2003 年，段永平和陈明永在步步高品牌之外，新创建 OPPO 品牌，以征战国际市场。针对国内市场，段永平则力主开拓生活电器领域。

一直以来，无论是做实业还是做投资，段永平都坚持"不懂不做"的原则。就实业而言，主要围绕电子科技类产品。此次布局小家电行业，则是"跨界"之举。但是，这并非盲目之举，而是建立在深入的市场调研基础之上的。段永平认为，中国小家电市场有上千亿元的容量，当时国外每 100 户家庭拥有生活小家电 30-40 台，而国内拥有量只是国外的 1/10，其市场潜力之巨大可见一斑。更重要的是，小家电技术简单，进入门槛较低。[1] 于是，段永平开始重金布局，于 2008 年 8 月成立步步高家用电器有限公司。

新公司成立后，即被寄予厚望，希望其能一举扭转集团销量颓势。为保证产品质量、快速打开市场，段永平延续了此前步步高产品的一贯策略：自设生产线；投入巨额资金做市场推广，发起强大的广告攻

---

[1] 陈清：跨界先锋段永平兵败生活电器，《IT 时代周刊》，2011 年 3 月，第 63 页。

势，如步步高豆浆机等广告多次出现在央视黄金时段，直接与美的、九阳等传统家电巨头比拼知名度；捆绑经销商进行销售等。

然而，这一套曾经屡试不爽的策略并没有达到预期效果，甚至其家电市场占有率不升反降。据权威数据显示，2010 年，步步高豆浆机在国内的销量仅排第七位，电磁炉排名第九，而相应的市场份额不到 1%。即便如此，这两种产品在步步高家电产品中尚属热销产品，其他如电压力锅、电热水壶等，都排在 20 名之外，以至于有业内人士指出，步步高进入小家电行业以来，其在该领域的市场份额和知名度至多属于二三流。与同时期热销的电子教育产品和手机等相比，小家电产品只能用"惨淡"来形容，不仅没有起到拉动集团业绩的作用，反而成了累赘。据统计，至 2010 年底，步步高在小家电市场上的亏损额已在 3 亿元以上。

在段永平的经营理念中，有一项至关重要：一旦发现方向是错的，就要即时止损，以避免公司遭受更大损失。2011 年 2 月 28 日，步步高在其官网上正式宣布逐步退出小家电行业。本着诚信原则，对于已购买步步高小家电的消费者，仍然可通过线下售后服务中心获得相应的维保服务等。

为何曾经创造出小霸王、步步高 VCD、DVD 等经典明星产品的策略，却在生活电器领域遭遇了滑铁卢？

有分析人士认为，步步高集团此次败北的原因在于，步步高没有把自己定位在自己擅长的行业，没有集中资源做好自己应该做的行业，滥用多元化战略，错误地进入了生活电器领域。具体而言，主要有以下几大原因：

首先是对生活电器市场饱和度的评估不足。早在 2003 年，国内生活电器市场蓬勃发展，当时的利润空间极大，加之进入门槛低，吸引了大量企业加入征战。除了美的、格兰仕、九阳等小家电龙头企业外，海尔、苏泊尔、格力等企业也纷纷投入资金参与，其他不知名企业更是不计其数。随着这些企业的加入，整个生活电器市场过度膨胀，竞争更为激烈，利润空间随之降低。作为后来者，步步高面对的是美的、格兰仕、苏泊尔等实力雄厚的对手，尤其是后者在各自领域几乎是垄断性的存在，如豆浆机，九阳和美的几乎占据了 90% 的市场。

生活电器类产品线几乎由上述几家企业把控，市场格局相对成熟，"新人"在此行业内可谓步履维艰。在与美的、九阳等品牌的竞争中，步步高原有优势无法充分发挥出来，以至于在竞争过程中，步步高消耗严重，逐渐地被传统品牌淹没、取代。

其次，缺乏生活电器类产品的销售经验。长期以来，生活电器类产品的销售集中在国美、苏宁等大型卖场或是沃尔玛、家乐福等商超系统，消费者有更多选择空间，也习惯了在同一空间内货比三家的模式。而步步高家用电器的销售渠道则是由集团内其他产品的经销商转化而来。与前述渠道相比，步步高的单一品牌代理体系几乎没有任何优势。

第三，消费者对步步高的刻板印象。步步高在电子科技（教育）产品领域久负盛名，几乎是垄断性的存在，导致大众在提到步步高时，想到的往往是学生电脑、复读机、DVD 等产品，很少会将其与生活电器联系起来，一定程度上降低了消费者对步步高生活电器产品的购买欲望。

诸多因素交织之下，生活电器类产品显然成为一块鸡肋，致使段永平不得不"断臂自救"，退出这一市场。

正如家电行业观察专家刘步尘所说，"步步高在生活电器方面并不具有优势，步步高退出生活家电市场，对步步高的产业结构优化不一定是件坏事"。对于市场而言，步步高的退出，减少了诸多小家电企业的竞争压力，却也宣告了生活电器行业的"跨界"模式（先在其他领域有了相对成熟的运作模式，之后转战相关联的小家电行业）面临重重困难，能否成功还有待观察。

第二节　人人尊敬的"影子董事长"

尽管已移居美国，段永平至今仍然是步步高集团的董事长，虽然也会参加股东会，但与其他董事长不同的是，他几乎没有真正行使过董事长的职权，而仅仅充当顾问角色，并不过问公司具体事务。很多关于OPPO、vivo的消息，他都是从互联网上得知的。这并非是不负责任，而是为了避免干扰他们。

即便如此，步步高集团旗下的每家公司，都为段永平保留了一间办公室。公司员工见到他时，都会尊称一声董事长，这并非是因其头衔与地位，而是源自于对他所塑造的步步高文化的认同，是对他传奇经历与个人魅力的尊崇。不过，段永平本人并不喜欢摆架子，如果员工称呼他为阿段，他会觉得更为亲切。

作为影子董事长，段永平很早就学会授权给自己的得力干将，让他们有更大的施展舞台。当陈明永提出另创新品牌时，段永平同他一起见证了OPPO的诞生。当时，陈明永向他表示自己要转入手机行业，段永平也只是平静地说了一句：只要步步高手机（现在的vivo）不反对，他就没意见。之后，随着OPPO越做越大，段永平选择淡化自己在其中的影响力，以至于现在大部分人都不知道他才是真正的老板。

对此，段永平表示这就是自己想要的效果，比起在商海中叱咤风云，他更愿意享受与家人在一起的惬意生活。他说："只有在公司经营出现原则性错误时，我才会出面纠偏。形象地说，我只管做对的事，而如何把事情做对，是经营层要考虑的，我不参与。"

虽然不参与具体事务，但是面对事关步步高集团及旗下公司的争议时，段永平则表现得如同一位意见领袖一般，在博客或者媒体上发表自己的观点及看法，为自己企业正名。2007年，当步步高转战手机行业时，段永平表示："我不敢说在中国这个市场上，和摩托罗拉、诺基亚3年决胜负。但是我相信，如果给我们五年时间，如果这个市场还在，我们肯定能做得比较好。"后来，诺基亚、摩托罗拉逐渐衰退，而步步高所辖的OPPO、vivo紧跟时代潮流，逆袭成功，迅速成长为智能手机行业的一匹黑马。

2012年，OPPO陷入严重经营危机。陈明永在从功能手机转向智能手机的路上慢了半拍，导致功能机库存积压严重，稍有不慎就会使整个公司倒闭。在生死存亡的关键时刻，段永平出面协调OPPO的代理商（大部分是由步步高代理商转化而来）分担库存压力，由他们负责将积压的功能手机卖出去。凭借他的个人魅力，代理商们配合度极高，尽管这意味着巨大的资金压力。有了代理商的支持，OPPO顺利渡过了库存危机，短时间内转型成功，并一度成为国内智能手机出货量冠军。当然，OPPO并未让代理商们遭受很大损失，降价促销而产生的差价由他们补上。

段永平对步步高的影响更多是文化层面的，这也是他很骄傲的地方。一直以来，段永平坚持文化才是企业的核心竞争力。这种影响不仅仅局限于公司，还深入到了陈明永、沈炜、金志江等人的心里，由他们再辐射到各自所辖公司。不仅仅是公司文化价值观，段永平曾经的运营策略也被复制下来，无论是深耕金字塔下半部、线下＋广告轰炸还是不搞多元化、不上市等策略，都在OPPO、vivo、小天才公司得到了彻底贯彻执行。在段永平完全放权且脱离公司十余年的情况下，他所秉持的理念与思想还能得到如此统一且彻底的执行，实属罕见。

这种影响不仅体现在步步高集团内部，还辐射到了网易、拼多多。

网易创始人丁磊称段永平是他生命中的贵人；拼多多创始人黄峥对外声明段永平对他的影响非常大，并称自己是他的第四个徒弟。刘作虎从 OPPO 离职创立一加公司之前，特意去美国拜访段永平，请教创业经验。

为何这些叱咤风云的精英都对段永平如此崇敬？这在很大程度上源于段永平对商业本质及其发展趋势的精准判断力。当 iPhone 横扫全球之时，作为资深果粉的段永平却断定，"苹果无法在中国战胜我们（OPPO、vivo）"。他说："他们（苹果）有时候太固执了。他们做出了很多伟大的产品，比如他们的操作系统，但我们在其他方面胜过他们。"通过观察，他发现，苹果在进入中国市场后，并没有针对性地调整符合中国国情的竞争策略。而 OPPO、vivo 则抓住这一漏洞实现逆袭，其中一个重要砝码就是生产配置高端功能的低价设备，如充电速度、拍照功能、存储容量和电池寿命等，在这些方面，OPPO、vivo 实现了对 iPhone 的超越，进而在市场份额上也远超iPhone，赢得了更多国人的心。

对步步高而言，段永平更像是凝合剂，由他塑造的企业文化及经营理念让步步高及旗下公司屡屡创造商业神话，更让原本最有可能产生恶性竞争的 OPPO 与 vivo（目标消费群、渠道、定位均十分相似）奇迹般地和平共存，甚至于两个品牌的门店都是毗邻而立。对于陈明永、沈炜等人而言，即便段永平表示自己永远不会复出，也不会帮他们解决公司运营中出现的困难与问题，他依然是对他们有着知遇之恩的伯乐，是培养他们的精神领袖，更是他们发展壮大的最强后盾。

第三节 挖掘金字塔底层的财富

世界知名管理思想家和商业大师 C.K. 普拉哈拉德曾提出一个金字塔底层理论，他认为，"金字塔底部存在着商业史最大的潜在市场机遇……针对金字塔底部所提出的策略，将是现代企业在扩展国际市场业务时必要的手段"。[1]

事实上，金字塔底层理论不仅适用于国际业务的拓展，对国内市场同样适用。当众多企业瞄准高端消费人群，竭力迎合少数人的需求时，段永平则带领团队深耕金字塔底部，将二三线城市乃至乡镇消费群体作为重点关注目标，以质优价廉的产品赢得中国最大的潜在市场。

实际上，深耕中国金字塔底层这一市场并非易事，虽然这一市场蕴藏着巨大的购买能力，却鲜有人愿意为品牌溢价买单。针对这一特点，段系企业产品很少推出高端产品，也不主张价格战，而是在品质与价格之间寻找微妙的平衡。譬如，儿童电话手表领域的高端产品小天才电话手表，其定价均保持在 2000 元以下，多数保持在千元以下。但是，它们又与小米推崇的极致性价比不同。曾经，OPPO、vivo 手机因为选用中低端芯片，而被同行指责高价低配。

然而，从每年的销售业绩来看，OPPO、vivo 手机出货量总能排

---

[1] 李佳南：中国市场下 C.K. 普拉哈拉德金字塔底层理论研究——以宝洁公司"海飞丝"产品为例，《四川文化产业职业学院（四川省干部函授学院）学报》，2016 年第 3 期，第 127-128 页。

在全国前三,远高于苹果手机在国内的出货量。显然,它们的目标消费群体并不认为自己买到的是低端品。

如果给这些人画像,那么,年轻、女性、中低收入者则是核心标签。可以确定的是,OPPO、vivo 的产品经理比同行更为了解其目标人群。从最早主打音乐播放、强大的拍照功能到类似苹果手机的外形设计,又或者是"充电 5 分钟,通话两小时""逆光也清晰,照亮你的美"等等,显然比枯燥的芯片品牌与型号等专业数据要更易理解,在体验上也更为直观。

由此看来,单纯追求性价比并不足以完全赢得金字塔底层市场,更需要从小细节上着手,深谙目标消费群体的心理特点、生活工作习惯等,而这也正是段系企业基业长青的秘诀之一。

除了在产品性能上下功夫之外,段系企业的营销策略同样独具特色。从段永平开始,步步高集团就深耕中小城市及乡镇,并采取"门店 + 广告"轰炸模式。就销售渠道而言,段永平确立了地区唯一代理商制度,统一了全国零售价,由代理商向终端零售店供货,代理商与步步高交叉持股,形成关系紧密的利益共同体。同时代理商高度认同步步高文化价值观,不会因为利益问题而做出有损步步高集团声誉的事情。这是步步高集团线下渠道的一大亮点。

OPPO、vivo 延续了这种销售渠道布局。以 OPPO 为例,它把全国划分成 30 多个一级代理区域,由这些代理商向终端门店供货。这里的门店不仅包括专卖店,还涵盖自营模式的体验店、连锁家电手机卖场里的专柜以及小代理商。门店的利润来源主要有两部分:一是赚售价与进货价之间的差额,二是完成一定数量任务后的返利。有了返利的刺激,售货员更加乐于给顾客推荐 OPPO 手机。

为稳定 OPPO 手机的价格体系,确保实体店的销售利润,OPPO专门设立了三条高压线:一是门店要严格按照零售价销售,禁止随意定价;二是禁止在指定之外的区域销售手机;三是禁止私自在网上销售。如此一来，即便在手机逐渐成为快消品的今天，OPPO 的新手机在上市半年后也不会大幅降价，一定程度上也保证了消费者的购买体验。

另外，OPPO 还借鉴国内酒企通过免费为餐馆包装门面来换广告位的做法，为无数小手机店换上了 OPPO 绿底白字的品牌标识，让人产生整条街都是 OPPO 专卖店的感觉。

与此同时，OPPO、vivo 这对蓝绿兄弟不断加大广告投放。两家公司斥巨资邀请当红明星做形象代言人，如 OPPO 最早曾花费 500 万美元请来国际巨星莱昂纳多，后又请过杨幂、李易峰等人；vivo 也不遑多让，像篮球巨星库里、彭于晏、鹿晗、蔡徐坤等人都曾代言过 vivo 手机。虽然明星代言在手机界已经成为标配，但是，在选择明星时，OPPO、vivo 更关注的是他们在线下及社交媒体上的号召力，很多消费者也是因为看到了自己喜爱的明星做代言而产生强烈的购买意愿。

与其他手机品牌不同的是，OPPO、vivo 极爱冠名各大热门综艺节目，以至于人们调侃这对兄弟承包了半个综艺圈。这种密集轰炸式的冠名，极大增加了手机的曝光度和热度，类似"充电 5 分钟，通话两小时"等经典广告词深入人心。

在互联网线上营销盛行的当下，门店 + 广告的传统营销模式看起来有些过时，却让 OPPO、vivo 成了国产手机的黑马。其他手机厂商看到它们的成功后，纷纷试水线下模式，就连以互联网营销起家的小米也在加码线下门店数量。

然而，线下市场的构建是一项极为复杂的工程，尤其是针对金字塔底层的小城镇市场，线下渠道涉及分销、物流、店面维护等诸多繁琐细节，其中任何一个环节处理不好，都会拖累整个销售渠道。正如 vivo 全球副总裁冯磊所说，产品定位和渠道策略如果不能吻合，上下游之间配合都很困难。在蛋糕分割上，要让围绕利益链的所有相关者都满意，商业链条才可以持续下去。[1]

最重要的是，不论是段永平还是其弟子，不论步步高集团如何变换赛道，20多年来段系企业始终不变的是它的目标消费群体。在开创新品牌或转战新行业时，步步高集团会首先明确目标消费者是谁，他们的需求点在哪，一切以消费者的体验为主，在此基础上，再研究企业应该做什么以满足目标消费者，这是他们长久立于不败之地的不二法宝。

---

[1] 马燕：大家都看上了OPPO的渠道，《销售与市场（渠道版）》，2016年第7期，第56页。

第四节　"去段永平化"

自小霸王开始，段永平一直强调他做实业的重要理念之一就是敢为天下后，尤其善于在众人眼中的夕阳产业中挖掘到巨大的商机，实现后中争先。之所以会如此坚持并能取得成功，这与他创业时国内的大环境密切相关。

20世纪90年代，中国市场经济刚刚起步，大多数国内企业并不具备独立的技术研发能力，大部分是靠代理国际品牌，或者通过简单组装以争得市场份额。在这种环境下，很多企业产生了一种暴富心态，只想着如何投机取巧，趁市场还未成型之际狠捞一笔。在投机热潮里，段永平却是冷眼旁观，他十分清楚自己的企业与国际企业的差距，他说：跟世界级的大公司相比，我们那点实力很难开发新产品，所以我首先看国外大企业在做什么产品，而且要看什么产品好卖，然后我再决定做什么，这样成功的概率要大得多。[1]

事实上，开疆拓土者往往会背负更多。一旦自主研发，就要涉及市场需求的培育、消费者的认可度、质量等诸多问题，而且这一过程往往会极其漫长、成本极高，是大部分企业，尤其是创业公司所无法承受的生命之重。正是基于此类缘由，在段永平做实业的那些年里，他力推"敢为天下后"策略，几年下来，效果相当惊人。耳濡目染之下，

---

[1] 张小平："步步高"得失夕阳，《创新时代》，2012年第3期，第88页。

他的弟子们也谨守这一理念。

　　创新都是从模仿开始的，这正是段永平所坚持的。从小霸王学习机、步步高 VCD、无绳电话、DVD、复读机、MP3 到手机、电话手表，每一种产品基本都是市场成熟之后，段永平才决定进入其中。即便是陈明永、沈炜，在 OPPO、vivo 初创时期，依然坚持敢为天下后策略，以至于被业界看做是山寨机的升级版。譬如，2016 年 OPPO 推出的 R9s 系列，其外观造型酷似 iPhone6，甚至于手机交互界面也是让人有种在用苹果手机系统的错觉。虽然因此屡屡被嘲讽，但是 OPPO R9s 却凭借类似 iPhone 的良好体验和巨大的价格优势，成为 2017 年国内手机市场销量冠军。

　　然而，世易时移，时代与科技均在飞速发展，国内市场环境进一步成熟，段永平似乎已被人们遗忘，取而代之的是马云、马化腾等众多敢于开拓陌生领域、善于创新突破的企业家。

　　当稳妥已经不再是时代的主旋律，是继续敢为人后、追随他人脚步，还是先人一步、引领未来方向，成为 OPPO、vivo 等段系企业必须直面的关键问题之一。面对时代的拷问，vivo、OPPO 似乎也做出了自己的选择。

　　2017 年 4 月，vivo 召集手机行业最顶尖的供应商合作伙伴到其东莞总部，宣称要调整今后的合作方式和节奏，即 vivo 将改变此前的技术跟随策略，更加注重科技创新，力争提前布局手机创新的关键领域，把技术跟踪、合作的周期提前到 18 个月，甚至是 36 个月。

　　此时，国内智能手机市场正陷入增长瓶颈：新增人口红利几近消失，用户换机周期也延长至两年甚至更长。在消费升级趋势之下，用户购机更为挑剔。对此，vivo 内部对下一代产品的研发方向发生了激烈争论：根据目前市场下滑趋势的判断，跟随、微创新无疑是最稳妥的方式，按照当下 vivo 的市场认可度，销量依然可以保持。但是，身处行业减速期内，vivo 还可以有更突破性的举措，加快产品创新力度，刺激用户换机需求，满足消费者在时尚与科技方面的升级需求。

这场争论持续了三个月之久，最终，vivo选择应时而动，突破自我。在全新理念的带动下，2018年6月12日，被vivo定义为"突破未来"的vivo NEX正式发布。在手机界普遍跟随iPhone"刘海屏"设计的当下，vivo NEX则实现了真正的零界全面屏、升降式前置摄像头和全屏幕发声等多项创新性技术的突破与融合，一举撕下跟随、仿制的标签，向世人证明vivo完全有能力按照自己的节奏去重新定义科技与时尚并重的产品。

据国际数据公司IDC发布的2018年第三季度国内智能手机销量数据显示，在全国智能手机市场遇冷、出货量下降的情况下，vivo以出货量超过2200万台的优异成绩位列第二，同比上涨18.5%，涨幅居排名前五的手机厂商之首。同一时期苹果手机的出货量仅为700多万台，排名第五。

无独有偶，OPPO也于同年6月29日发布OPPO Find X系列旗舰机，其独创的曲面全景屏、隐藏式3D摄像头等配置，一经亮相，即惊艳了手机界。即便价格不低，依然俘获了众多消费者的心。

凡此种种，似乎都暗示着段系企业正逐步放弃敢为天下后策略。而当了十几年甩手掌柜的段永平，虽然名为步步高集团董事长，控股OPPO、vivo、步步高教育电子等企业，实际上却是充分放权，基本不参与旗下各个企业的具体经营与决策。对于vivo、OPPO的创新性策略，他并没有发表过任何评价。

不过，以段永平对陈明永、沈炜等人的信任与信心，他应该是乐见其成长与突破的，毕竟在公司文化价值观上，OPPO、vivo一直将本分与平常心放在重要位置，坚持用户体验的不断优化，坚持对品质的极致追求，在这些方面并没有完全去段永平化。只是，随着时代与科技的发展，敢为人后、规避风险的策略究竟是否应当成为首要之选，甚至是否应该列入考虑范围，则是每一个面临转型期的企业应该思考的问题。

第九章

青出于蓝

　　无论是陈明永、沈炜、金志江、黄峥，还是刘作虎、李杰，都是段永平商业思想的忠实信徒，尤其是"本分"价值观，成为这些人所办企业的核心文化之一。段永平认为，"本分"就是原点。

第一节 从步步高到 OPPO，陈明永坚守"本分哲学"

2017 年初，国际数据公司 (IDC) 发布了 2016 年全球智能手机出货数据，OPPO 全年出货量达 7840 万台，年均同比增长超 100%，并首次问鼎中国智能手机市场占有率冠军。从发力智能手机到成为全国第一，不过五年多的时间。这一奇迹般的成功登顶，离不开创始人陈明永的多年经营，更离不开亦师亦友的段永平对他的重要影响。

1969 年，陈明永出生于四川万源市魏家镇楠木坪村的一个工匠之家，他自幼聪明，爱好读书。初中毕业之际，身为家中长子的陈明永，本已按照父母期许，顺利拿到了当地免费入学的师范学校录取通知书，但对高考金榜题名、对去更大世界闯荡的渴望，驱使他毅然选择重返高中就读。

1987 年，陈明永步入高考考场，最终以优异成绩考入浙江大学，攻读电子物理技术专业。

大学期间，陈明永并没有囿于自己的专业学习，把专业课成绩也看得很淡。他认为，在大学里更重要的是学会学习、学会选择，学习自己感兴趣的知识。因此，他特意分出一半的时间学习历史和企业管理，尤其是松下幸之助的经营理念，对他影响尤深。

1992 年，因身体原因延后毕业一年的陈明永，在慎重考虑了父母的意见后，决定回四川老家就职，并被分配到一家国营无缝钢管厂。

然而在这家国企仅工作了十天之后，陈明永就毅然辞职。因为这里的经营模式，与他在大学里学到的企业管理理念存在巨大差距。尽管只待了十天，陈明永仿佛已然预见自己 20 年后颓废、无能的样子。即便遭到家人的强烈反对，他还是决意南下寻找更广阔的天地。

到了广东的陈明永没有再选择国企，而是应聘到了已小有名气的民营企业小霸王公司。他从实习生做起，凭借出色的工作业绩，很快晋升为办公室主任，后又升为总经理助理。

1995 年，当段永平选择自立门户时，得到老东家的允许，可以带走六个人。作为其得力干将的陈明永，成为他游说的对象之一。陈明永一向佩服段永平，他毫不犹豫地辞去待遇优渥的职位，追随段永平创业，成为步步高的联合创始人之一，协助管理步步高视听电子业务。

在步步高，段永平借助授权文化和股权激励机制，着力培养陈明永等年轻人。只要他们有可行的想法，段永平就会成为他们最坚强的后盾。当时并不富裕的陈明永无法购买公司股份，段永平借给他几十万元，表示将来用股份的利润或者股份增长的股息返还即可[1]。

在段永平的激励下，陈明永真正成为步步高的掌舵者。1999 年，段永平将步步高集团拆分成三家独立公司，陈明永已独当一面，经营步步高视听电子公司。

对于陈明永而言，段永平的影响更多是在文化理念层面，在"最重要的是本分价值观"的耳濡目染下，无论是公司管理、业务拓展还是市场营销方面，陈明永都带着浓厚的段氏色彩。

2000 年，陈明永意欲带领公司走向全球化。为了拥有更强的国际传播力，陈明永与段永平商议之后，特意聘请欧洲设计团队设计全新品牌，并耗时三年完成了在全球各国的语音测试。2004 年，如今广为

---

[1] MBA 智库百科，段永平，https://wiki.mbalib.com/wiki/%E6%AE%B5%E6%B0%B8%E5%B9%B3。

人知的 OPPO 终于诞生，而陈明永赋予新品牌的第一个内涵，就是将"本分"确立为其核心价值观。

对产品品质的本分价值观坚守，这是陈明永受段永平影响最深的方面。OPPO 追求在产品质量上的极致，兼具轻薄美观、简洁耐用的 MP3、MP4 产品，一度被误认为是韩国品牌，而其所产的蓝光机甚至在欧美高端市场击败了天龙、索尼等国际大牌。

2006 年，在确定了 OPPO 的手机业务转向后，陈明永找到了爱好钻研新事物的刘君，就像从前段永平"授权"自己一样，让他放手去做。刘君 2001 年大学毕业后即加入 OPPO，年轻有为的他接手搭建手机团队，并从业内聘请了多位有经验的人才组成攻关队伍。

2007 年 5 月，OPPO 第一款手机诞生，但是"兴奋只持续了一秒"。当时几乎所有的功能机都采用的是联发科提供的系统方案，那么同其他品牌相比，OPPO 的优势在哪里？

陈明永将完美主义追求与产品品质巧妙融合。他说得最多的就是：要做让消费者惊喜的产品，要做伟大的产品。为实现这一诉求，他会引导研发团队静心思考，探知消费者的真正需求。

团队又用了一年时间，选配了更好更昂贵的日立显示屏和独立音乐解码芯片，研发适合国情的垃圾信息和骚扰电话防火墙，其背后由摄像头、自拍镜和扬声器所组成的"笑脸设计"使它成为最早融合科技设计美学的国产手机品牌。

这种对精品的追求，被陈明永称为"英雄产品战略"，也成为他在 OPPO 手机定价上的决策底气。彼时，市场上国产手机的核心战场集中于 700 元的功能机，国际知名品牌则牢牢占据 2000 元以上的高端市场。陈明永并没有跟随国产低价的"回避"策略，而是坚持将 OPPO 的第一款手机定价 1299 元。

作为后来者，这款研发近两年的手机，市场销售情况良好。此后，OPPO 的新机型价格不断提高，依然备受消费者喜爱，还成功带动国产手机品牌价格上扬。

陈明永不仅将这套价值观宣传到每一位员工心中，还延伸到了经销商，大到省区渠道代理商，小至门店店主，也是言必称本分。"如果文化认同，理念一致，代理商没有钱开展业务的，OPPO 可以先借给他"，陈明永如是说。这样的选拔标准看起来有些匪夷所思，但正是凭借着理念上的同频，帮助 OPPO 渡过了 2012 年智能手机转型时的库存危机。

随着国内智能手机竞争的白热化，2019 年，陈明永为 OPPO 的本分价值观注入新的内涵，他在内部信中提到"把握住合理的方向、做正确的事情，甚至可以与本分直接画等号"，并为此赋予了新的方法论："敢于质疑，敢于挑战，通过批判性思考，以抓住事物本质"[1]。

于是人们看到了一个从手机赛道向科技生态系统不断跃迁的 OPPO：2019 年进入 IoT 领域，打造"万物互融"多智能终端生态；2020 年进一步明确通过"3+N+X"战略革新用户体验；2022 年推出自研智慧跨段系统"潘塔纳尔"；2023 年推出自主训练大模型"安第斯"；2024 年成立 AI 中心，并向用户推送 ColorOS AI 版……

有人说，连奉行"本分哲学"的 OPPO 也无法幸免于看不到尽头的"内卷"战场。但段永平的"本分"从不是保守，亦不是循规蹈矩，而是做对的事并把事情做对，是有所为有所不为。OPPO 一路以来的成功，足以证明他从段永平那里学到了"本分"精神中反求诸己的内核。

当然，过程中也有惨痛的折戟时刻。2023 年，OPPO 自研芯片公司哲库科技宣布因"营收远不达预期，投资巨大到承担不起"而解散，一石激起千层浪。

但哲库的坦诚与果断退场，也正是出于对"本分"的坚守。为此，

---

[1] OPPO CEO 陈明永："要敢于质疑，敢于挑战，通过批判性思考，以抓住事物本质"，经济观察网，https://www.eeo.com.cn/2019/0103/344568.shtml，2019 年 1 月 3 日。

段永平特地在社交媒体平台上发文表示："这不是我们关掉的第一个业务，也绝不会是最后一个。长远看不合适的东西，最合适的办法就是现在就停下来！"

对"本分"的坚守恰是对时代本质的洞察，也是对时代之下用户需求的满足，正如陈明永在 2024 年内部信所说的，通过 AI，OPPO 要做的是"把手机的体验重新做一遍，帮助用户实现更高价值"，"既做 AI 手机的引领者，也做 AI 手机的普及者"。

第二节　沈炜：vivo"用户导向"的初心从未改变

与陈明永一样，vivo 创始人沈炜也是自小霸王开始便追随段永平。虽然对于沈炜工作之前的履历无从得知，但是能够从小霸王生产部的一名普通员工，成长为段永平的左膀右臂，其能力可见一斑。

1999 年，段永平将步步高集团拆分成三家独立的公司后，沈炜被安排接管步步高通信业务，成立步步高通信设备有限公司。在全新的舞台上，沈炜有了更大的空间施展自己的理想抱负。2004 年，步步高通信正式进军手机行业，然而，"步步高"品牌在消费者心目中根深蒂固的品牌形象，导致沈炜团队在手机市场步履维艰。

2010 年 6 月 7 日，步步高通信成立 vivo 品牌，寓意活力及对伟大事物的敬意，这正是该公司的品牌定位：国际化、年轻、活力。那时的中国手机市场可谓是群雄并起：苹果、三星、HTC 等国际大牌市场份额迅速增长，联想、华为、中兴等国产品牌紧随其后，而诺基亚、摩托罗拉等老巨头虽已出现颓势，却依然有一定的市场影响力。

面对这样的竞争环境，沈炜也如恩师段永平一般，遵循焦点法则，选择带领 vivo 这个新兵，在行业的细分领域内，建立相对的竞争优势。对此，他的解释是："手机是个人事物的重要组成部分，既然是个人事物，那么每个人就会有不同的喜好。只要你能够在这个巨大行业里找到很好的细分，在细分市场你能够做到行业老大，日子一样过得很好。"[1]

要建立起竞争优势，就必须有自己的特色，与其他手机品牌产生差异。对此，段永平曾说：

> 最重要的是发现并满足消费者的需求。做到这一点很不容易，比如研发要根据消费者的需求，尊重消费者的意见来进行，多进行市场调查，开发出老百姓接受的产品，而不是自己主观搞一些噱头，为了差异化而差异化。[2]

vivo 成立之初将目标消费人群定位在 18-35 岁的年轻人群体。为了解年轻人真正的诉求，vivo 做了大量市场调研，发现音乐是这类人群购买手机时的主要考量之一，然而市场上的智能手机的音质并没有满足年轻人的需求。沈炜当即决定从这个市场缺口切入，而且 vivo 要做的不仅仅是迎合消费者需求，更致力于打造超出预期的极致产品。

为此，沈炜及其团队计划将美国专业音频芯片制造商 Cirrus Logic 公司的殿堂级 Hi-Fi 产品 CS4398 移植到手机上。"合作伙伴觉得我们这个想法有点疯狂——Hi-Fi 这么大的专业机芯片如何放在手机里？"vivo 高级副总裁兼 COO 胡柏山回忆道。

质疑不无道理，专业配件与大众消费品的"混搭"未经市场验证过，风险未知。但沈炜却坚信自己的判断，坚信市场需求。2012 年，vivo 音乐手机 X1 正式推向市场，虽然售价高达 2498 元，却斩获了全球最薄智能手机和全球首款 Hi-Fi 级别智能手机的双料冠军，当年销售量飙升到百万部。

---

[1] 李洋洋：vivo 沈炜：本分做事，做一个让大家开心的品牌，《互联网周刊》，2014 年第 24 期，第 21 页。

[2] 段永平：如何做企业文化，《中外企业家》，2017 年 8 月刊，第 121 页。

沈炜的聚焦战略大获成功，让大家看到了手机行业并不需要一味地拼价格，只要精准把握住消费者需求，也能在将利润维持在较高水平的前提下，实现市场份额的迅速扩大。

在 2015 年步步高公司成立 20 周年讲话中，沈炜提到"提供真正能解决消费者痛点需求和极致体验的伟大产品与服务，是我们大团队工作唯一的追求与本质，是我们 20 年来坚持至今从未改变过的商业逻辑"。八年之后的 2023 年，当 vivo 终于迎来全面"开花结果"的时刻[1]，沈炜反复强调最多的依然是"用户导向"，从"用户是产品的标尺，用户的痛点需求夯实了产品体验的基线"，到"用户是我们一切工作的原点，也是闭环的终点"，无不体现出沈炜经营 vivo 的初心从未改变。

国产智能手机进入明星式创业时代后，比之恩师段永平，沈炜的低调作风可谓青出于蓝而胜于蓝。他曾坦言，有时间的话，他更愿意和公司的供应商、经销商交流想法和意见，"坚持让企业利益相关者都持续 happy 的使命不变，只有这样，我们企业才能健康长久、基业长青！"

于是，当线上销售逐渐成为各大手机品牌的主要销售渠道之时，vivo 却反其道而行之，着力巩固线下渠道，使其成为销售主力。2014 年 vivo 在全国的分销终端多达 10 万家，使其在愈演愈烈的智能手机线下战中，拥有稳固的阵地。而这得益于早在 2004 年布局线下渠道时，沈炜定下的政策：优先零售商赚钱，其次是省级代理商赚钱，最后是 vivo 总部赚钱。

这一经营上的利他原则不只体现在"优先让合作伙伴赚钱，最后是 vivo 赚钱"，还体现在 vivo 内部的管理特色，其中最为人津津乐

[1] vivo 总裁沈炜新年致辞：前行即答案，新华网，http://www.news.cn/tech/20240130/624d1f17b6b84b369b9e0729bb0deedf/c.html，2024 年 1 月 30 日。

道的便是 vivo "没有 KPI"。

沈炜很少对公司高管进行具体到数字的 KPI 考核，相反他注重的是对不同经营指标的底线思维。这种避免"数字心魔"的理念，使 vivo 管理团队能做出更贴近本质的决策。例如在 2017 年 X20 上市前，vivo 副总裁曾提醒渠道商要加强库存意识。事实证明，此前一年已是国内手机市场的巅峰期，2017 年果然进入了存量市场阶段。

段永平曾说"本分"就是要回归或者找到一种心态，在这种心态下往往能做正确的事，坚持做自己该做的事情，在经营企业的过程中，坚持做到诚信、专注、稳中求进。

同为段系企业的 vivo，自然也离不开本分价值观。但与不同品牌产品有其独特基因一样，沈炜对段永平口中的"本分"也有自己的解读。2021 年，他在 vivo 年会演讲中，将自己对"本分"的思考概括为八个字："不忘初心，埋头种因。"特别是"埋头种因"，从此成为人们一提到 vivo 和沈炜，就会想到的词汇。

在沈炜看来，"埋头种因"在 vivo 的发展中有三个内涵：长期主义、利他主义、全面践行设计驱动与用户导向的理念发展。正是这三者的融合，最终创造了 vivo 后来的高端化突破。

相比于晚两年才转入智能手机赛道却在 2016 年便问鼎国内市场的"同门" OPPO，vivo 直到 2021 年才终于跃居国内市场第一。而使这一年成为沈炜口中的"质变元年"的重要因素之一，是 vivo 在"用户看不见的地方"默默耕耘了近十年的影像技术领域。

2014 年，vivo 推出了筹划近两年的新机 Xshot，其目标是为市场提供一款"颠覆移动影像技术"的产品，一经上市便获得市场好评。这款产品的成功让 vivo 管理层看到了"影像"是手机用户的刚需，并意识到 vivo 应该有更长期的目标，即所有产品都应该拥有能满足用户需求的影像技术。

四年之后，当"照亮你的美"持续获得消费者认可时，vivo 终于将影像技术确立为自身高端化征程的独特因子。经过对此的剖析论证和反复对比，团队确定了"人像"影像路线，并倾注资源于此。2019年，影像与设计、系统和性能共同被列为vivo布局长线赛道的四大方向。

自2020年开始，从微云台防抖技术，到与百年光学品牌蔡司达成合作，再到自研影像芯片的问世与持续迭代，市场不断见证着vivo在影像这个长坡赛道上的进化与突破。

2023年vivo连续第三年登顶中国市场国产品牌手机市占率第一，四大长赛道上的创新技术全面"开花结果"，都是沈炜带领vivo多年来"埋头种因"的回响。

2017年在接受美国彭博社采访时，曾表示"苹果没能在中国市场击败我们，是因为他们存在一些缺陷"，"他们做了很多很伟大的事情"，"但是我们在某些领域其实是胜过他们的"[1]。如今，从段永平和他的步步高中走出的中国智能手机巨头们，已经在赢过对手缺陷的过程中，逐步站上了更广阔的全球舞台，未来可期的便是如何以"本分"为本，创造各自的伟大。

---

[1] 包雨萌：OPPO和vivo幕后掌门段永平：苹果不可能在中国赢我们，澎湃新闻，https://m.thepaper.cn/newsDetail_forward_1643783，2017年3月21日。

第三节 金志江："小天才"的本分与平常心

对于大部分人而言，与陈明永、沈炜、黄峥等与段永平关系密切的企业家相比，金志江可能稍显陌生。但是，在创造品牌神话上，金志江则有过之而无不及。除了如今家喻户晓的"小天才"电话手表，从"学外语，更容易"的步步高复读机、步步高电子词典，到"妈妈再也不用担心我的学习"的步步高点读机等爆款产品，均出自他的手笔。

在金志江看来，"所有步步高产品的成功，唯一可能的秘诀就是（段永平的）'本分'加'平常心'的文化"。

1996 年，金志江从西安电子科技大学微电子专业毕业后，便南下广东入职于步步高公司从事研发工作，为步步高学生电脑的研发生产立下了汗马功劳。1999 年，段永平将步步高集团改制成三家互相独立的公司后，教育电子公司交由黄一禾负责，主营学习机、复读机等，此时担任步步高复读机事业部部长的金志江追随了黄一禾。2007 年，黄一禾退休，工作出色的金志江成了接班人。

教育电子产品行业，规模小且技术门槛低，而且产品生命周期非常短，企业面临巨大生存挑战。然而，近二十年来，金志江却在这一行业干得风生水起，他推出的许多产品都成了爆款，其公司也因此稳居行业龙头。金志江认为对步步高系的企业来说，最关注是如何将企业做得更健康、更长久，是产品的品质、消费者满意度、品牌美誉度，是跟合作伙伴是否对等合作。

金志江曾以"小天才"商标为例来传递自己对"本分"的理解。早在90年代，步步高就想购买"小天才"商标，当时报价300万，结果商标持有人不卖，段永平、金志江只好作罢。2008年金融危机爆发时，金志江注意到"小天才"商标持有人出售了一个红酒品牌。他猜测对方极可能是陷入财务危机了，顿时觉得机会来了。

为确保万无一失，金志江这次特意聘请了第三方机构去谈判，双方最终定价30万元。签约时，商标持有人突发感慨："你不知道，10年前有个叫步步高的，给我300万，我都没卖。"

一年后，当"小天才"终于来到金志江手中，他看到成交价格后，迅速派人找到持有人，告知对方："我们就是当年的步步高，我们认为当年你的品牌值300万，现在也值300万。我们今天让你签字，把270万补给你。"

这就是金志江所认同的步步高的"本分"文化。他说："（我们）不放过任何的事情，大到跟供应商合作，跟媒体合作，跟代理商合作，小到我们处理一件很小的事情，都是要把本分作为价值的思考和唯一判断的准则。"

正是这份坚持，让金志江少走了很多弯路，避免了很多错误，更让步步高教育电子赢得了消费者、合作伙伴、股东和员工的信任与支持，在变幻莫测的商海中一骑绝尘。正如段永平所说：

> 我们企业最重要的思想是"本分"，很多决策是根据"本分"来做的，避免做一些投机取巧的事。这样我们可能会失去一些眼前的利益，但是对企业长远的发展有好处。

段永平的"本分"观念之所以能成为一种文化，就在于它有极为丰富的内涵。除了"做对的事，把事情做对""消费者导向""长期主义"外，段永平所主张的"敢为天下后"策略，也被金志江传承下来，无论是复读机、点读机还是电话手表，步步高都不是开创者，但最终都成为该行业的领军者。受段永平经营理念的影响，金志江坚定地认为，大多数企业承受风险的能力有限，而步步高宁可错过一个机会，也不会盲目地抓住一个不靠谱的机会。他说，只要企业活得足够久，总是有机会的。

金志江曾透露过步步高从 2002 年时就开始紧盯已在北美发展出的点读机技术和产品，但他和团队判断时机不对，于是这一等就是五年。到 2007 年，随着版权、技术和供应链等一系列条件的成熟，步步高于当年暑假试水成功，并于 2008 年全面铺开，从此"哪里不会点哪里"成为陪伴一代人成长的通关密语。[1]

金志江从段永平那里继承"敢为天下后"，不仅表现在他对企业安全的把控，也表现在他对用户本质需求的洞察，并发展出了"从 0.5 到 1"独特表述。如今已经发展到第十代的"小天才"儿童电话手表，便是"后中争先"的逆袭典范。

2013 年，儿童智能手表在市场上热度逐渐升高，但产品名称却五花八门，比如当时 360 公司推出的"360 儿童卫生手环"颇受欢迎，其他品牌也陆续推出了儿童定位手表。

金志江并没有立即追随潮流，而是用两年时间潜心钻研这一产品市场及前景，并在一系列消费者调研后，最终选择"专属于儿童的通讯工具"为"小天才"手表的核心产品定位，将其命名为"电话手表"，并于 2015 年才正式投产上市。

他曾对这一定位进行分析，长远来看，定位所满足的"安全"并非核心需求，治安好了这一需求便会减弱甚至消失。但"通讯"是人的基本需求，如果这个行业再往前走五年，"通讯"的属性不仅不会消失，反而会更强烈，比如从 2G 到 3G、4G 再到未来带来更多方面

---

[1] 步步高教育电子金志江：小天才电话手表的品类创新实践，界面新闻，https://www.jiemian.com/article/1049731.html，2017 年 1 月 4 日

的通讯能力。

事实证明，金志江的判断非常准确，随着通信科技的飞速发展，"小天才"电话手表得以不断迭代，并配合段系企业熟练的紧跟时代脉动的营销打法，真正成为一代又一代儿童、青少年生活中的"标配"。

在市场竞争日趋激烈的背景下，在同类产品中定价最高的"小天才"在儿童穿戴设备赛道的市占率却是一骑绝尘。到2023年第二季度，在中国智能手表市场，"小天才"的出货量甚至超越苹果，成为仅次于华为的品牌。"小天才"后来居上并屹立不倒的另一个关键因素常常被人忽略，那就是步步高系企业以产品品质为纲的基本坚持。在"小天才"发展的过程中，金志江从未在"品质"二字上有所懈怠。

2015年，计划于五一上市的"小天才"电话手表，被发现存在一个软件故障，会造成1.5‰的产品无故死机。尽管广告和渠道已经全部铺开且无法撤回，但金志江坚持立即下令停止生产和发货，他顶住来自消费者、销售终端、渠道、工厂等各方压力，一直到问题彻底解决才恢复生产和发货。

作为市场新生事物，电话手表的国家标准并不高，但是，金志江却要求小天才所有的原材料都要通过儿童类产品欧盟认证，而其防水功能在2018年已达到IPX8级水平。如此严苛的品质标准有时会导致供应链极难建成，对成本、产能、销售和公司效益都会产生极大影响。但金志江对产品有自己的坚持，而段永平本人在社交媒体上与网友互动时也不止一次提到小天才，并表示"I'm very proud of it"[1]。

2015年，在步步高集团成立20周年的庆典上，金志江感慨道："总有一些孩子需要我们的产品，总有一些父母需要我们做得更好。帮助孩子快乐地成长，是我们的初心，也是我们的梦想。不管行业发展是快是慢，规模是大是小，我想我们都不要忘记我们的初心，不要忘了我们为什么而出发。"

---

[1]大道无形我有形，雪球，https://xueqiu.com/u/1247347556，2023年3月22日。

第四节 "拼多多"黄峥："我是他下一代的四徒弟"

2018 年 7 月 26 日，尽管饱受争议，拼多多——全新的社交电商平台正式在纳斯达克交易所挂牌上市，创始人、董事长兼 CEO 黄峥的个人身价一夜之间突破 110 亿美元。

然而这似乎只是黄峥个人传奇的起点。2020 年 6 月，黄峥的个人财富超越马云，仅次于马化腾位列第二。2024 年 8 月，当隐退三年的黄峥再次出现在新闻头条时，他已经成为中国首富。

在黄峥背后始终有一个熟悉的身影，那便是段永平。黄峥本人对此并不讳言，曾多次向媒体透露："在我的天使投资人里面，对我影响最大的是段永平。他不停地教育我首先要做正确的事，然后再把事情做正确。"他甚至还曾直言："老段对我的影响非常大，我是他下一代的四徒弟。"段永平在 2019 年也终于欣然接受了这一称呼。

两人的相识要归功于网易创始人丁磊。2001 年，黄峥与丁磊因为技术交流成为好友。次年，黄峥前往美国威斯康星大学麦迪逊分校攻读硕士学位，丁磊便将黄峥介绍给同是浙大校友的段永平认识。熟识之后，黄峥还不时帮段永平做一些投资。

2004 年，黄峥硕士毕业，成功拿到微软、谷歌的录用通知。当时的微软已是知名的跨国科技公司，而谷歌则是处于成长期的创业公司。黄峥就此事请教了段永平，段永平建议他去尚未上市的谷歌，并解释道："谷歌看起来是家挺牛的公司，值得去看看。对你未来创业也是有好处的。去的话至少待三年，因为一两年是没法真正进入重要岗位真正了解这个公司的。"[1]

黄峥听从了段永平的建议，在谷歌踏实工作了三年。这段经历让他收获颇丰。他不仅因谷歌上市而得以财富自由，更重要的是，通过谷歌，他对"不作恶"的信条、国内外互联网公司的竞争以及企业价值观等诸多方面有了更深的了解。黄峥后来回忆说："谷歌给予我的远比我给谷歌做的贡献要多。"

当段永平以 62 万美元的高价拍到与巴菲特共进午餐的机会，他带上了黄峥一同赴宴。这次午宴的交谈，让黄峥见识到了简单和常识所蕴藏的巨大力量，他感慨道："常识是显而易见、容易理解的，但我们各种因为成长、学习形成的偏见和个人利益的诉求蒙蔽了我们。"

多年后，当段永平被问到"带着 26 岁的黄峥的原因是什么"时，他说："黄峥是特别难得一见的一直关注事物本质的人，有悟性，又聪明，未来有任何成就我都不意外。"[2]

事实证明，段永平没有看走眼，而黄峥也学到了段永平的"本质"。在他的多次成功创业中，始终将"本分"作为基本价值观，植入进了他创办的每一家公司中。

2007 年，从谷歌辞职的黄峥决定回国创业。当时，步步高集团也在通过互联网进行电商平台的摸索尝试。惜才的段永平毫不犹豫地将步步高的一块电商业务分给了黄峥，助力其创业。最初，黄峥带领团队开发出一个电器类 B2C 销售平台，取名"欧酷网"。

三年时间，黄峥便使欧酷的年营业额达到 6000 万。到 2010 年，为避免与淘宝、京东等大型电商平台陷入消耗战，他抱着"如果我不

---

[1] 项一诚、邱舢：60 后段永平：从投资到幕后教父，《国企》，2018 年第 9 期。

[2] 《雪球特别版——段永平投资问答录（商业逻辑篇）》，浙江数媒，第 112 页。

能赢得战争，我就不应该打"的"本分"思考，果断出售了优酷网。

之后，黄峥率领核心团队转战先前孵化出的电商代运营公司——乐其（Leqee）。这一次，仅用时半年，他和团队就将乐其打造成当时淘宝系统最大的分销商，此后不少国际消费巨头，如迪奥、联合利华、花王、百事等都成了它的客户。

2013 年，黄峥又成立了一家游戏公司"寻梦"，获得了不错的市场反响，成立第一年就开始赚钱。而他却因突发严重中耳炎，不得不放缓了脚步。

在家休息的近一年时间里，时年 33 岁的黄峥认真思考起自己的未来，"隐约觉得当前的机会有可能让自己做出一个影响面更大、成就感更强的事"[1]。引起他注意的，是微信平台上崛起的大量微商。他发现微商规模相当可观，却没有建立起规范的商业模式。

于是，把握了微信社交关系价值本质的黄峥，告诉段永平，他打算创办一家大型社交电商公司。段永平毫不犹豫地出资为其背书。他相信黄峥的能力，更相信自己的眼光。这一次，不只是段永平、丁磊、王卫、孙彤宇这些业界大佬纷纷出资支持黄峥再创业。

黄峥先以微信公众号为平台，创建了以时鲜水果为主的拼好货。8 个月后，拼好货累积活跃用户突破千万，日订单量突破百万。在拼好货快速发展的同时，2015 年 9 月，拼多多上线。凭借社交电商的定位，以用户发展用户的模式，拼多多仅用一年时间，便追上了唯品会的用户数与订单量，并在号称"资本寒冬"的 2016 年完成了 1.1 亿美元的 B 轮融资。

2016 年 9 月，拼多多与拼好货正式合并，实现优势互补。在淘宝、京东、美团三大巨头的挤压下，拼多多借助微信这一主流社交渠道，

---

[1] 黄铮：为什么要再次创业？https://xueqiu.com/6899676041/238112496，2016 年 3 月 20 日。

力推低价模式，轻松获取了大量用户。通过优惠红包、免单等活动，不断刺激用户在微信上分享传播，实现了平台用户数的指数增长。此外，和段系门徒的做法相似，黄峥也开始了广告上的强大攻势。

多管齐下，拼多多的用户数于 2018 年便突破了 3 亿，月成交额超过 30 亿元。然而，低价成就了拼多多，但假货、经销商投诉、物流等问题也接踵而来。在拼多多上市前夕，其假货问题的舆论持续发酵，问题之严重引起了相关政府部门的关注。

鲜少接受采访的黄峥于 2018 年 6 月 18 日召开记者沟通会，他直面相关问题，解释平台罚款资金流向，并承诺深刻反思此次事件，会以此为契机，让公司变得更透明、承担更多沟通责任。拼多多后来的发展，表明黄峥的决心并非说辞而已。

半个月后，拼多多提交赴美上市申请。黄峥在致股东的信中提出，拼多多的核心价值观正是"本分"，它意味着拼多多专注于为消费者创造价值。"我们可能不被理解，但我们总是出于善意，不作恶"。

黄峥曾经将"本分"解释为"是在你的位置上应该干什么事，剩下的是如何把握界限的问题[1]"，这是他在段永平身上学到的重要一课。如果人人都能尽到本分，在当下做对的事情，并建立一个体系能够让彼此相互信任，这个团队或者公司将会变得非常强大。

拼多多刚上市时，面对网友的提问，段永平曾不止一次给出他对拼多多和黄峥的看法，说得最多的一句便是"给他 10 年时间，大家会看到他们厉害的地方[2]"。而事实也再次证明，由黄峥植入拼多多的这套，以用户为导向、敢为天下后、把正确的事做正确的"本分"经营哲学的威力。

---

[1]范晓东：和黄峥聊：逼近中国首富，财富暴增对他为何是负面，https://mp.weixin.qq.com/s/USNHMGi1gT6WAigaqbsUhw，2024 年 7 月 11 日。

[2]《雪球特别版——段永平投资问答录（商业逻辑篇）》，浙江数媒，第 105 页。

2021 年 3 月，黄峥宣布辞任拼多多董事长，说自己要为公司"去摸一摸 10 年后路上的石头"。而离了黄峥"一线督战"的拼多多，不仅并未失速，反而在 2024 年 5 月正式超越阿里巴巴，成为中国市值第一的电商企业，并持续对中国电商行业产生着不可小觑的影响。从"百亿补贴"到"仅退款"，拼多多一次次让淘宝、京东两位电商老大哥"先学为敬"。这个已站稳脚跟的电商新巨头，则开始在黄峥所开辟的致力于"人人受益、以人为本、更加开放"的新电子商务之路上，向着未来长期高质量发展迈进。

第五节 "一加"刘作虎：做正确的事情

2020 年 10 月，苹果发布了首款支持 5G 通信技术的产品 iPhone12。在此之前，根据知名数据调研机构 Counterpoint Research 公布的数据显示，2019 年，美国 5G 手机市场中，在三星和 LG 之后，是一个名为"一加"的品牌，以 11% 的市场占有率位列第三。

彼时，这家成立只有七年的中国手机品牌，虽然对国内大众用户来说比较陌生，却早已在国际舞台上屡创奇迹，成为第一家同时被《纽约时报》《时代周刊》《华尔街日报》等美国主流媒体认可的中国手机品牌，被评价为"难以想象有这么适合安卓发烧友的手机"。

这故事里的主角，便是从步步高走出来的又一传奇人物，刘作虎。作为年轻一代的步步高人，他和段永平的相处和交往，虽然不像陈明永、沈炜、黄峥那样深，但其经营理念也深受段永平的影响。

1998 年，从浙江大学毕业的刘作虎，因在校期间帮同学代考而未能获得学位证。无法留在杭州工作，他便收拾行囊南下广东寻找机会。不久，还处于上升期的步步高向刘作虎伸出橄榄枝，之后他在这里一待就是 15 年。

步步高改制一分为三后，刘作虎跟随陈明永到步步高视听电子公司。陈明永成立 OPPO 后，主要从事 DVD 等产品的生产。2004 年，市场上高清电视不断涌现，而中国 DVD 市场上却还是以标清产品为主。为尽快打入美国市场，OPPO 在美国加州硅谷成立 OPPO Digital 公司，由刘作虎带队研发和生产蓝光产品。

从标清转向高清，虽只有一字之差，但其中涉及的图像处理非常复杂，技术实现上很有难度。与此同时，松下、三星、天龙等国际知名品牌已经推出了高清 DVD 产品。刘作虎面临的压力可想而知。对此，他选择了充满段氏风格的工作思路：以用户导向，做极致产品。

最初，刘作虎主推线上销售，一个月大概只有一两百台的销量。数量虽然不多，却收到了很多用户的体验反馈，这令他十分开心。此外，他和团队在研发之外，几乎每天都要浏览美国最大的专业论坛 AVSFORUM，认真阅读每一位用户对其产品的反馈。

为真正了解用户感受，刘作虎专门从 AVSFORUM 活跃用户里挑选了 30 人，将他们集中起来另建了一个交流群，使其成为 OPPO 蓝光 DVD 的内测用户。这些人属于家电产品的高级发烧友，市场上推出的每一款新机器，他们都会买来做测试。刘作虎便派人重点关注这 30 个人家里机器的配置，并要求团队根据这些人的建议，于每周五做一次软件升级，解决图像的调试和兼容性问题。

尽管这些问题会涉及非常复杂的技术难题，甚至要时常更改芯片的软件，但刘作虎乐在其中。因为产品能在改进的过程中，不断靠近用户的真实需求，从而提升和扩大品牌在市场上的信誉及影响力。而线上互动社区模式让 OPPO 蓝光 DVD 得以多年蝉联用户满意度调查冠军，获得了很多忠实粉丝，其中不乏莱昂纳多、周鸿祎、王小川等知名人士[1]。后来，OPPO 能请到莱昂纳多为其代言，少不了 OPPO 蓝光 DVD 的功劳。

对于新推出的蓝光 DVD，刘作虎要求的不仅仅是功能、技术、外观做到极致完美，即便是用户看不见的 DVD 内部解码板，也必须是布线整齐有序、简洁漂亮。他曾因一款产品解码板混乱而严厉批评

[1] 一加刘作虎：做"不将就"的国际品牌，《对话潮流经济人物》第 1 期，新浪财经，https://m.cj.sina.cn/page/aHR0cDovL2ZpbmFuY2Uuc2luYS5jb20uY24vZm9jdXMvMVY2xqanJ3Lz9vYmplY3RfdHlwZT1jcmF3bGVy，2014 年 08 月 15 日。

负责该项目的工程师。他曾感慨："为什么我说很多中国的产品做不好，就是这种细节上他不在意。用户他也不打开盖子看，有什么关系呢？那我说这个产品是你自己做的，你自己是知道的嘛。不是说用户看不到，你就不管它，你自己明知道这个地方是有问题的。"

几年以后，刘作虎正是以他在 OPPO 蓝光机时期积累的用户社区经验与对产品"较真"的理念为基因，打造出了一进军欧美市场便如鱼得水的"一加"手机。

2012 年，刘作虎被陈明永调回国内，负责 OPPO 手机的互联网营销。很快，陈明永向刘作虎表达了创立一个新品牌的决意。2013 年 11 月，已成为 OPPO 副总裁的刘作虎离职，带领五人团队创办了一加科技公司，立志将其做成"受全球尊敬的中国品牌"。

创业伊始，刘作虎还专程去美国拜访段永平。他说从"阿段"那里学到的最重要的便是"本分"二字。对这两个字，他的解读是："本分其实最核心的意思就是做正确的事情。做正确的事情这句话，很多人不一定能够理解，你知道什么是正确的事情，即便你不知道的时候，你肯定知道什么是不正确的事情。但是往往就是因为有一些压力和诱惑，怎么去抵制这些诱惑，这个是很难的事情。"[1]

这一领悟来自刘作虎在创办一加第二年时遭遇的惨痛经历。2014 年，凭借多年的海外产品运营经验，"生而国际化"的一加手机通过线上社群、海外发布会等方式，获得了大量欧美为主的海外极客人群的认可，使其首款产品 OnePlus1 的销量，有 60% 来自海外市场。

然而国内市场又是另一副光景。2015 年，一加手机成立的第二年，国内很多品牌陆续推出子品牌，如小米推出红米系列、华为创立荣耀、锤子则推出坚果品牌，并加码线下体验店。面对其他品牌的火爆销售，刘作虎为一加手机在国内开设了数十家线下门店，并在当年的旗舰手机 OnePlus2 之外，又推出了一款价格更低的 OnePlusX。

[1]马关夏：专访一加创始人刘作虎：活下来是因为我做不出便宜的手机，腾讯《深网》，https://new.qq.com/rain/a/TEC2019101900121400，2019 年 10 月 19 日。

　　然而，盲目的开店举措和短期内同时研发两款手机，导致刚刚起步的公司资金和产品出现诸多严重问题，致使刚有起色的一加手机遭遇销量和口碑滑铁卢。2019 年在一加 7T 发布会后的采访中，他曾用一句话为当年的失败定调："说到底就是不本分"。

　　痛定思痛之后，2016 年刘作虎带领团队回归用户价值，将"不将就"旗舰产品理念，落实到此后每一款一加手机中，并成为公司同事口中"全公司最难搞的产品经理"。

　　无论时代如何变化，商业的本质——提供好的产品与服务是始终不曾改变的。正是读懂了段永平说的这一点，刘作虎才会在产品外观、性能、用户满意度等诸多方面"较劲"，他每天的主要工作就是和团队一起探究细节问题。他的背包里总会放着产品模型，无事时便拿出来观摩每一处细节，按照他的经验，如果"看了一个月以后还觉得惊艳，有心跳的感觉，产品就靠谱了"。

　　虽然在产品上很"较劲"，但作为公司 CEO，刘作虎遵循的则是段永平常说的"平常心"。有一次，一加的产品发布会与苹果定在了同一个时间。面对要跟苹果"一争高下"的员工，刘作虎选择将发布会改期，并安抚员工说："如果我们和苹果一起开发布会，还有谁会看我们的？"[1]

　　段永平也曾被网友询问对刘作虎的看法，他表示刘作虎在美国运营 OPPO DVD 和蓝光机的表现"那是相当好"。在他看来刘作虎"很踏实，既知道要做对的事情，也很努力地把事情做对，而且把事情做对的能力也极强"[2]。

---

［1］一个没听过的中国手机，居然已在海外火了 10 年，《最华人》，https://user.guancha.cn/main/content?id=1177475&s=fwzwyzzwzbt，2024 年 2 月 3 日。

［2］大道无形我有形，雪球，https://xueqiu.com/u/1247347556，2019 年 5 月 20 日。

第六节 "极兔"李杰：任何时候回归初心

2018 年，当众人的视线都聚焦在黄峥身上，津津乐道于段永平在拼多多崛起过程中扮演了何等重要角色之时，恐怕很难有人想到，"下一代徒弟"中还能出现震撼中国商界的人物。此时，又一位"段系门生"正循着段永平的"敢为天下后"的商道哲学，悄无声息地奋力生长。

直到 2020 年，随着通达系对一家名为"极兔"（英文名 J&T）的快递公司发出"江湖封杀令"，人们才惊讶地发现，极兔快递这位名不见经传却搅动了中国快递格局的创始人背后，居然又出现了段永平这一熟悉的身影。

李杰是一位典型的步步高系企业家，其低调程度与已经广为人知的几位段永平徒弟相比，可谓有过之而无不及。出生于四川的李杰，最初是一家步步高代理商的销售人员。

关于李杰与段永平的相识，坊间流传着不同的版本。可以相对确定的是，李杰在步步高集团拆分后的数年间，一路成长为日后的 OPPO 苏皖地区总经理。虽然难以判断，李杰是否如媒体报道的那样，因其出色的销售能力而获得段永平的青睐，但从极兔招股书中可以得知，OPPO 曾用他的名字设立了用以奖励顶级销售人员的"李杰奖"，来表彰他的重大贡献。这些贡献包括开创了知名的 OV 三级分销体系，为 OPPO 突破了甘肃、新疆等西北市场的销售局面等。[1]

与为人低调形成鲜明反差的，是李杰雷厉风行的做事风格。2013年，李杰毛遂自荐扛起了为 OPPO 开拓印尼市场的重任。据说他办好签证的第三天，便只身前往印尼，一边在当地组建团队，同时迅速开展市场调查。

李杰亲自招聘的首位本土员工，也是后来印尼极兔的 CEO Robin Lo 曾向媒体回忆，李杰初到印尼时，OPPO 在这个国家认知度基本为零，当时主流品牌是市占率超过 60% 的三星。与此同时，当地以大型批发商为主的渠道模式，也是 OPPO 进军印尼的另一大挑战。

面对这些硬骨头，李杰的解法便是他从段永平和陈明永那里沿袭而来的"本分"二字。凭借市场调研和敏锐的战略眼光，李杰在印尼激烈的手机品牌竞争背后，看到了高端市场未被满足的重大机遇。选定以高端手机进入印尼市场后，他又设计了一套与当地既有渠道体系相反的直销模式。虽然起初这套新模式会增加品牌的推广难度，但李杰坚信，相比于大批发商获利最多的层层分销，直销模式很快便会对底层分销商产生巨大吸引力。[2]

李杰让团队与手机店老板协商，以一周为期，若店主允许 OPPO 进驻一位促销员，期间售出的 OPPO 产品之利润全归店主，若卖不出去则可以连人带货一同退回。这套办法固然辛苦，但非常奏效，很快李杰的团队便建立起了成千上万的分销点。一年后，OPPO 市场占有率便从 0 升至 7%。

此后，根据针对印尼消费者对本土化品牌和服务的偏好，李杰利用步步高经典的"明星代言 + 售后体验"组合拳，持续强化 OPPO

[1] 李杰："本分"的挑战者，闽声传媒，https://www.fjdaily.com/app/content/2020-12/02/content_880073.html，2020 年 12 月 2 日。

[2] 宋新澳，王晗玉：狂奔极兔，旋风李杰，https://letschuhai.com/jitusudixianggangshangan，2023 年 10 月 30 日。

在印尼的本土化形象，不仅在每个有 OPPO 的城市设立售后服务中心，还把 OPPO 的首家海外工厂开在了印尼。到 2015 年，不为人知的 OPPO 已经成为印尼手机市场第二，市场占有率经达到 20%。

在众多媒体报道中，李杰被称为段永平的"第五门徒"。不过，相比于其他几位段系弟子，做事风风火火的李杰似乎很不"段系"，与 OPPO、vivo 和小天才等步步高系企业稳扎稳打的风格有着显著不同。但是只要略作研究便不难发现，李杰在极兔创业期间的"激进"，恰恰是对段永平"本分"价值观的一种活学活用和极致运用。

2015 年，李杰在 OPPO R7 印尼发布会上，宣布即将卸任 OPPO 印尼的 CEO，转而创立一家名为 J&T（极兔）的科技型快递公司。

在开拓印尼市场期间，李杰虽然能凭借用户导向和本分合作使 OPPO 得以快速增长，但有一件事始终在拖后腿，那就是印尼的物流快递。延迟，丢件，节假日放长假使 OPPO 在销售高峰期陷入缺货……在这些恼人的情景中，李杰看到了印尼本地快递领域存在的需求缺口。在极兔上市的内部讲话中，他曾提到，这次创业并不复杂，他去深圳同陈明永聊了三个小时，创业计划就定下来了[1]。就像段永平曾说的那样，一个人坚持本分的观念，选择做正确的事并不难。

不过，选择虽不难，但创业没有不艰辛的，特别是当专业经验几乎为零的李杰，对上的是已经在印尼市场上屹立 30 年的垄断品牌 JNE。幸运的是，一方面创业初期背靠 OPPO 的配送订单站稳脚跟，另一方面，李杰入局时恰逢印尼电商起飞。

李杰多管齐下，将中国国内成熟的快递运营模式引入印尼，从免费取件到全年无休，从直营到 24 小时客服，始终围绕客户需求运营的极兔，很快吸引了不少新订单。极兔还凭借对电商物流迅速且成功

---

[1] 郑可书，辛晓彤，柳书琪：极兔上市之路：人脉、资本和时机，财经十一人，https://36kr.com/p/2492375747139719，2023 年 10 月 27 日。

的摸索，赢得了与正在印尼市场快速发展的电商 Shopee 的合作，自此进入成长快车道。2017 年当 Shopee 母公司在美国上市时，极兔已经是印尼市场上排名第二的快递物流公司。

李杰曾在致股东的公开信中提到，极兔早期发展中的冒进让团队吃了不少苦，甚至有损品牌形象。从 2018 年开始，他开始加码企业的专业化运营和标准化管理，从中国国内引进资深快递人才、更新的物流技术和设备。比如与本地的竞争对手不同，极兔对包裹外形不做规定，而是通过 9 字代码单号体系等系统创新，提升分拣机识别和分拨效率。可以说，在李杰的带领下，极兔塑造了印尼本土的物流新基建。持续不断的降维打击，使极兔终于在 2019 年，坐上了印尼快递物流业的第一把交椅。

也是在这一年，极兔通过收购上海龙邦快递，正式进军中国市场。面对高度饱和的中国快速物流市场，人们很难用"本分"或"正确的事"来解读极兔的回国发展，甚至连团队内部也觉得此举凶险。但李杰的坚定源于"商流决定物流"这一行业的常识和本质，而他看到的"商流"正是同为段系企业的拼多多的崛起。此外，李杰的主动出击还有更长远的目的，"不敢正视竞争，何谈长久？即使偏居东南亚，早晚对手都会打进去，我们又何来栖身之所，又怎么独善其身？"。

这便是李杰对"本分"的灵活运用。本分不是一套放诸四海皆准的标准答案，而是在具体情境中去确定正确的事和正确的做法。最终，即便是面对通达系等头部企业的围剿，李杰凭借极致的低价策略和后续对百世、丰网的收购，终于在 2023 年跻身国内行业第五。此外，疫情期间，极兔还进入了中东、拉美和北非市场。

2023 年 10 月 27 日，极兔在港交所上市。当媒体梳理完极兔的投资人名单后，纷纷将其称为"段永平朋友圈制造"。但李杰还是一如既往的低调。2024 年在上市一周年之际，他罕见发表了一封公开信。在李杰对未来的思考中，字里行间全是段永平影子。而同所有其他段系企业一样，他也再次重申了极兔将坚守「本分」的价值观：面对各种压力和诱惑，任何时候回归初心，做正确的事，把事做正确，懂得求责于己，不赚人便宜。

第十章

大道无形

　　对于众多长期关注他的人来说，是"理性"塑造了值得他们学习的"大道"，也只有他的"理性"才值得他们的追随。对段永平而言，理性虽然不容易领悟，却没有任何复杂之处，用两个词就可以概括：平常心和想长远。

第一节　买股票就是买公司

自 2001 年退休并移居美国，段永平便成了媒体口中"最神秘的富豪"之一。他的"神秘"，很大程度上与极少接受媒体采访有关。他曾说，理解了巴菲特为什么只接受电视媒体采访，因为很多媒体会曲解意思，有时甚至连基本事实都会搞错。

但是，在互联网一隅，段永平并不神秘。从网易博客到雪球平台，十几年中，他持续分享着自己的投资心得、生活随想，还不时认真回答"博友"和"球友"[1]的提问，吸引了不少人的关注和追随。直到 2018 年，网易博客宣布停止运营时，媒体才后知后觉地发现，昔日的中国商业奇才，早已有了新的身份：价值投资的"布道者"。

2006 年，段永平开通了网易博客，并发表了第一篇文章。他用几句话，简短地介绍了自己的高等教育经历，以澄清网络上的一些流言。但在接下来"全民博客"那几年，段永平并没有留下太多文字。直到 2010 年，他才因为一次采访重新"发现"了自己的博客，决定"应该偶尔上来写几句，和有缘的人分享下"。

让段永平产生分享欲的，是自己在美国的不同体验、在投资理念上的进步，以及"也许儿女会通过这个来了解老爸"。但大部分关注段永平的读者，主要是将他的博客当成一个思考、分析和传播价值投

---

[1]段永平将与他在网易博客、雪球两个平台互相关注的用户，称为"博友"和"球友"。

资理念的平台。

根据不同网友的整理和统计，段永平在 2006-2018 年间，一共发布过 400 余篇博客文章，其中与投资相关的文章至少 135 篇[1]。他也不止一次表达过，希望通过自己的分享让"有些读者能有所悟"。2010 年 4 月 2 日，他曾写道："哈，我也希望 30 年后发现全中国会投资的 200 只猴子里有 50 只曾经常来这个博客。"他的读者们也确实没有辜负他这番美意。大家自发传播、反复阅读甚至撰写笔记，不仅使这些文字在网易博客关停后，依然能流传于网络，一个围绕价值投资的交流社群，也悄然形成了。

2011 年，段永平以"大道无形我有型"这个网名，入驻投资者垂直社交平台雪球，并在网易博客关停后，将其当做与关注者和追随者交流的唯一平台，关注他的人则亲切地称他为"大道"。段永平延续了博客时代的约法三章，使这里成为喧嚣网络中，一片难得的交流净土。如今，他已经有超过 92 万关注者，是平台上关注者最多的用户之一。

2020 年，雪球平台发布了一套名为《段永平投资问答录》的电子专刊，被称为学习段永平投资理念的"必读书目"。专刊编者直言，学习价值投资"要先看段永平，再看巴菲特，后翻翻芒格的，次序不能搞反，不然会走很多年弯路"。

众所周知，段永平是价值投资理念的拥趸。在他看来，唯有价值投资能够被称为投资，而其他的方式都是某种投机，不是说不赚钱，但本质上与博彩无异。他曾说："价值投资的风险不该比开车出门大，投机的风险不会比去赌场小。"这种简洁和清晰的类比，也是他能吸引到很多人长期追随的重要原因。

到底什么是"价值投资"？段永平曾用两句话概括自己的理解——

---

[1] 段永平网易博客文章合集（雪球最全），https://xueqiu.com/8959246745/176806071，2021 年 4 月 11 日。

"买股票就是买公司，买公司就是买公司的未来现金流折现"。在题为《做对的事情，把事情做对！》的博文中，他认为在投资股票时所要做的"对的事情"，就是要先看懂一家公司，并明确指出，"看懂"的内容是"其未来现金流（的折现）"。

那么何谓"看懂"呢？对此，段永平评判标准始终是是否敢于长期和重仓持有。2024 年初，他曾发起一个讨论"10 年后还在的公司都有谁？"，并分享了对苹果、茅台、谷歌、微软、伯克希尔、腾讯和 OV[1] 的看法。而他思考的起点正是"10 年后营业额和利润都不低于今天"。他认为大部分人在股票中赔钱，正在于他们的决策通常与未来现金流（的折现）无关，比如人们会倚赖市场对某支股票的评价，或紧盯新股、重组的概念等。2024 年 8 月，段永平曾评论一篇讨论拼多多股票的文章，提醒关注者入手前一定要想清楚，"不是因为这个股票曾经到过什么价钱，不是抢反弹，而是想着 10 年后这个公司会怎么样"[2]。

在段永平看来，如何看懂公司现金流，则是对一个人能否在股市里"把事情做对"的考验。他的方法，也是他从巴菲特那里学到的最重要的，就是通过生意（商业）模式来判断。

用他的话说，"好的生意模式往往是好的未来现金流的保障"，因为生意模式就是赚钱的模式，能赚越多的模式就可能越好。除了早期博客上专门的分析文章外，他还时常用苏格拉底式的方法来表达自己。比如在 2013 年的一次网友问答中，针对对方认为腾讯的"模式比苹果还牛"的看法，段永平的回复是："苹果现在一年的利润比中国所有互联网公司（包括腾讯）从开办以来赚得利润的总和都要多，你说腾讯的模式更好的逻辑是啥？"

［1］OPPO 和 vivo 的简称。

［2］雪球，https://xueqiu.com/6034718386/302773533，2024 年 8 月 29 日。

除了生意模式，企业文化也是段永平"看懂公司"的判断指标之一。这二者正是段永平长期持有苹果和茅台股票的根本原因。当所有人看衰库克这个接班人时，他坚持认为苹果不会变。因为库克"其实就是乔布斯最伟大的发明（发现）之一"，他非常理解乔布斯对于"伟大产品"的追求。

但"买股票就是买公司"这心法看似简单，想要动作不变形地运用在具体的投资实践中，并不容易。因为每个人的能力圈（margin of safety）不同。这也是为什么段永平多次否认自己是"中国巴菲特"。作为后进，学习前辈在所难免，但在段永平看来，自己是"老巴"在价值投资领域的"同道中人"，而非模仿者。用他常用的说法就是，投资是抄不了作业的。因此，在与读者和网友们交流时，他更强调的反而是"不做什么"。这是在那场轰动一时的"天价午餐"中，他从巴菲特那里收获的三个忠告之一：不做自己不懂的事。于是人们看到，多年来，段永平没有碰过特斯拉和英伟达，原因无他，只因为自己"看不懂"。

段永平在股票市场上的一举一动，如同巴菲特一样，也会引起外界的报道、分析和猜测。但对于关注他的人来说，媒体报道通常不太靠谱。因为段永平会主动分享和解释自己的一些操作，以纠正外界的误读。比如2021年，段永平卖出新东方put（看跌期权）后，曾明确表示并非投资，而是友情支持，同时也是一种"娱乐"[1]。

或许，这正是很多人选择追随"大道"的另一个原因，段永平的坦诚让很多人认识到，价值投资，或者说真正的投资，并不是一件需要提心吊胆或勾心斗角的事情。在段永平看来，"价值投资"人人可做，唯一的原则就是"不做自己不懂的事"。他说："有很多人，一辈子都不懂，所以一辈子都不碰股票，他们也是最好的价值投资者。"

---

[1] 大道无形我有型，雪球，https://xueqiu.com/1247347556/205306576，2021年12月8日。

第二节　公益之心：不是行善，而是分享

很多网友将段永平在网易博客和雪球平台上的分享，称为"做慈善"。对此，2020 年时，段永平曾特意"纠正"，他说：

> 我做公益但不喜欢做慈善这个说法，甚至不觉得自己是慈善的。个人觉得公益和慈善是有区别的。公益感觉自己身在其中，慈善则有点居高临下的感觉。我有做公益的需求，希望自己和后代可以生活在更好的环境里。[1]

这不是段永平第一次就"慈善"做出类似的表述。此前一年，他就曾提到"我觉得叫公益好点，因为每个人都能做，慈善有点施舍的味道"。而对此的更早思考，或可以再往前追溯 10 年。

2010 年 9 月 29 日，沃伦·巴菲特与比尔·盖茨在北京举办了一场慈善晚宴。人在美国的段永平，虽未能参与，却鲜见地接受了《第一财经日报》的电子邮件采访。在采访中，段永平将他对所做的慈善描述为一种"分享"。根据该记者分析，这一态度来自此前段永平在博客中转载的一篇文章，其中援引了作家刘墉的观点："关怀使得你

---

[1] 大道无形我有型，雪球，https://xueqiu.com/1247347556/156014069，2020 年 8 月 12 日。

的世界变大，不要一心想着'行善'，而是'分享'……千万不要有施舍的想法"。

2023 年末，段永平再次向浙江大学教育基金会进行大额捐款的消息，一时间成了金融投资界和慈善公益领域的热点。此次捐赠总额超过 10 亿元，是他单次向本科母校捐赠的最大一笔。有媒体统计[1]，至此，段永平已累积向浙大捐赠近 15 亿元人民币。其中比较广为人知的两笔分别是 2006 年与网易创始人丁磊联合捐赠 4000 万美元，以及 2022 年两笔用于楼宇建设、合计 2.7 亿人民币的专项捐赠。

多年来，段永平对浙大的持续回赠，被视为成功企业家进行校友捐赠的典型案例。面对这样一位"最壕校友"，人们要怎么理解他说"不是行善，而是分享"呢？或许段永平早年对母校浙江大学的两次捐赠，可以作为一个注脚。

1997 年春节，正在广州出差的段永平，得知在大学时期跟他关系甚好的黄恭宽老师正在深圳过年。闻此消息后，他一边赶回位于东莞的步步高，一边请人将恩师接到公司。当时，步步高成立未满两年，厂房还只有两幢，又因为在俄罗斯市场上的失利和与老东家的"君子协定"，陷入了资金紧张。但是在听到培养了自己的信电系，要成立竺可桢教育基金会分会，段永平认为自己无论如何也要"表示一点心意"，当即约定捐款 10 万元，并在 1997 年浙江大学校庆 100 周年前，委托同班同学将 10 万元现金送到系里。

据黄教授后来回忆，这 10 万元捐赠在当年已经是比较多的一笔捐款，但段永平却说："厂正在建设中，资金紧，确实只能这样，以后一定争取多捐一点。"事实证明，这句"以后一定争取多捐点"并非虚言。

2007 年浙大 110 周年校庆前夕，段永平回到求是园，与几位老师再次相聚。期间他主动问起老师们的生活情况，并得知系里面有优秀老

---

[1] 最壕校友，又捐 10 个亿，《投资界》，https://36kr.com/p/2587220457645696，2024 年 1 月 2 日。

教师因为重大疾病而承受巨大生活压力。为此，留校任教的同班同学杨冬晓，提议为信电系的退休教职工成立专门用于医疗救助的基金会。

段永平非常支持老同学的倡议，并许下承诺，将采用等额配比的方式，承担其中一半、约 50 万美元的捐赠费用，以此带动其他本系校友共同参与。他还提出希望将在校时给予同学们颇多照料的医务室卢医生纳入其中，也获得一致赞同。

另一半 50 万美元也很快筹齐。其中主要的响应者就包括已经既是段永平徒弟也是师弟的陈明永。他与另外两位校友共同匿名捐赠了 35 万美元。在经历了 12 轮章程草案修改后，"平安基金"正式成立，杨冬晓被推举为兼任基金会主席。

2016 年，段永平在接受浙大学生访问时，曾表示平安基金能"运作得相当好"，离不开杨冬晓的系统、细致、明确的管理，而他对母校的总体信任，正来自当年在求是园认识的这些老师和同学。面对学生们提出的"为什么想到要捐款"等问题时，段永平说："母校毕竟我待过，对它有感情，觉得给它比较放心。"

在他看来，对母校的回赠"纯粹属于感情和缘分的东西"。他提到大学刚毕业时，周建华老师到北京出差，特地约大家出来见面，表示"那时候大家还是穷学生，这不就是联络感情了嘛"。

段永平多年来对浙江大学的捐赠，固然是成功企业家承担社会责任的体现，但如果仔细琢磨会发现，他从未觉得捐款是什么了不得的事情。他的发心始终是基于情感联系、力所能及的分享。这何尝不是段永平所谓的本分。人因本分而彼此信任，共同把对的事做对。

近十年来，尽管段永平和太太刘昕所创立的公益事业平稳发展，但除了诸如浙江大学、中欧国际工商学院等几次大额捐赠外，其他事务几乎从未引起媒体关注。比如 2023 年对香港中文大学（深圳）的1600 万元"段永平数据科学奖学金"的捐赠，也只是一则数据科学学院网站上的一则短消息。

但在社交媒体平台上，段永平却会抓住一切机会，身体力行地去推广他的公益理念，带动了更多人开始关注、关心国内的公益事业。经常关注段永平雪球账号的人，对"六和公益"这个名字绝不陌生。但少有人知的是，这个致力于让乡村学生读好书的公益组织，正是因为段永平的"分享"而为更多雪球用户所知。

2019 年初，段永平希望将因网友问答活动而累积的打赏捐出去。心和基金会[1] 理事长伍松向他推荐了六和公益，并邀请该组织入驻雪球平台，以便完成捐赠。据六和公益负责人的回忆，2019 年 3 月 30 日接到伍松电话后，他们便注册了账号，单就第一篇发帖就收到了 2 万余元捐款。此后，六和公益便成了经常被段永平转发的账号，特别是每年春节期间，段永平还会发起等额配比的捐赠活动。

从那笔打赏款开始，在段永平的带动下，从雪球创始人方三文到平台上的众多用户，都成为这个公益机构的捐赠人。据该组织统计，从 2019 年 3 月 30 至 2023 年 12 月 31 日，来自段永平、方三文和众多雪球用户的捐款已经超过 500 万人民币。善款的使用会通过定期发布的工作简报进行财务公开，也非常契合段永平一直以来强调"把事情做对"的方法论。

段永平常说，做公益比做投资要难得多。但这些年来，他不仅做得稳健，还不断丰富着自己公益事业的维度，从捐款到与网友交流，不一而足。对他而言，公益之道无外乎"分享"二字。这是一种平常心，是触手可及和力所能及的善，是让更多人在助人与受助中，各取所需。

他曾讲述过一个"心平气和"的公益体验。一次，他和太太偶遇学区的募捐老师，对方通过一个微小动作向他们致谢。"他的那个表情让你感觉得到他是在说谢谢，但旁边没有任何人知道，你不会觉得很夸张。这就是我希望的那种感觉，you are nobody[2]。"

---

[1] 即段永平和太太刘昕创立的"心平基金会"，后改名为心和基金会。理事长伍松曾先后在步步高和网易任职。

[2] 蔡钰：段永平：我希望成为一个 nobody，《中国企业家》，https://www.chinadevelopmentbrief.org.cn/news/detail/1704.html，2010 年 3 月 9 日。

第三节　平常心和想长远

在二十余年里，和段永平那些传奇经历一并流传的，还有他"即将重出江湖"的传言。即便到 2021 年，当他真的到了一般人退休的年纪时，依然还要在社交平台上重申"绝对不会发生"。江湖地位，可见一斑。

如今轻舟已过万重山的"老段"，早就拥有了新的江湖。已过耳顺之年的他，如今在投资社交平台雪球上，被众多年轻一代视为精神导师。尽管在段永平看来，自己在雪球上的所有发言，并不试图教导谁。但他在很多话题上有血有肉的分享，非常细腻、真诚，有时甚至是值得反复琢磨的深刻。也难怪有网友会在教师节时发帖，向段永平致敬。

教育是他在投资之外，最乐于参与的话题之一。比如在看到球友谈论"高考"作为一种制度，对个人发展的影响充满不确定时，曾调侃自己"没有高考，或许现在是黄峥客户"的段永平回复道："没有任何东西可以让每个人在每时每刻都得到最公平的结果。"在他看来，这种不确定性，实际上是人们没能区分"公平和公平心"。公平是一种结果，但每个人对这个结果的解读都是主观的。而"公平心则是制定人不含有私心去制定规矩"，希望人们尽量得到公平的结果。"孩子们经常会觉得大人不公平，大人们经常是不想不公平的。"段永平补充道。

如果仔细探究，段永平对于教育话题的探讨，很多时候都在试图挖掘其背后的本质。就像将自己的投资理念总结为"买股票就是买公司"一样，他对家庭教育的思考也有这样一个核心，那就是"安全感"。

众所周知，段永平在 2001 年定居美国的初衷和最大目的就是陪伴家人。虽然他几乎从未在任何公共发言中，提及过如何教育自己的一双儿女，却不止一次表示没有什么比安全感更重要。他认为儿童教育中"任何破坏安全感的行为都应该停止"。在段永平看来，自己能够成长为一个理性的人，离不开少时父母所给予的安全感。对此，他讲过一个小故事。段父曾批评段永平"扫地没个扫地的样子，你看那个谁谁谁"，已经考上大学的他回了一句"可他考不上大学啊"。在段永平看来，如果换做有些父亲，恐怕此时已经拿扫把打儿子了，但自己的父亲却没有这样做。

每每谈及这个话题，在他的字里行间中，不仅有简练的理性分析、自我反思，还会传递出无尽的耐心，引发了很多人的共鸣。但相比于大部分人纷纷回忆起造成自己缺乏安全感的苦涩童年，段永平永远会想到更深一层。当别人还在努力治愈过去的伤痛时，他思考的则是如何让错误不再被延续：

> 哪怕是孩子已经大了，父母依然可以找机会告诉孩子当年哪些事情自己觉得不对，道个歉总是可以的，至少孩子会沿袭错误的概率会降低吧。我个人每次想起孩子小时候自己没做对的地方时，总想找机会道个歉，有时候可以有时候很难[1]。

作为一个始终看向未来的理性主义者，段永平对教育议题的关切并不令人意外。特别是对于一个生长在江西农村、父母都是教师的"60后"来说，他对"教育改变命运"必然有着比很多人更为深刻的认知。2019 年，曾有网友请教段永平，做电教设备多年的步步高，为何一直未曾尝试办学。他表示"办学比较复杂，我们其实一直在讨论着"，

---

[1] 大道无形我有型，雪球，https://xueqiu.com/u/1247347556，2023 年 5 月 17 日。

并希望这所学校"能让员工子弟上学有更多选择，同时也对外开放一部分以保持学校的竞争力"。

2022 年，由 OPPO、vivo 和小天才共同投资成立的东莞步步高实验学校的新闻，终于见诸报端，段永平也转发了相关的教师招聘启事。2024 年年中，他还借回国的机会，实地探访了位于莲花山麓的校园。虽然很难判断段永平在其中扮演了什么角色，但从"确实都很好，幼儿园尤其好"的评价来看，步步高最新的"跨界"也颇有点"敢为天下后，后中争先"的味道。

虽然被冠以"导师"称呼，但段永平一向很少参与社会热点话题的讨论。然而，2024 年 6 月，他却罕见地对"姜萍事件[1]"表达了不少自己的看法。有网络媒体统计，在那期间，段永平一共发布过 49 条相关评论。很多人认为，段永平讲了大半辈子"不懂不碰"，到最后也免不了"阴沟翻船"。面对这桩"无头公案"，段永平虽然最终删除了大部分讨论，却保留了"如果确实是造假，那只能认错，也只好一声叹息了"的表态。

或许长久以来，媒体对段永平"闲散富人"的描述，让很多人忽视了他的"理性"底色，转而用当代的"流量话语"来解构他近年来的发言。但是，对于众多长期关注他的人来说，是"理性"塑造了值得他们学习的"大道[2]"，也只有他的"理性"才值得他们的追随。

对段永平而言，理性虽然不容易领悟，却没有任何复杂之处，用两个词就可以概括：平常心和想长远。

段永平经常以打高尔夫为例，解释投资和生活中的平常心。在他看来，高尔夫和投资、经营企业甚至人生，都有很多相似之处，其中之一便是都很难保持平常心。平常心就是"只想每一杆怎么打，别想结果"，能做到这一点"赢面就大了"。但在段永平的人生经历中，

---

[1] 2024 年 6 月，江苏省涟水中等专业学校学生姜萍，被媒体报道晋级阿里巴巴全球数学联赛决赛，引起巨大社会舆论。

[2] 是对段永平在雪球平台用户名的简称，常被网友和媒体用来指代他。

他看到的却是"很多人上一杆打糟了，下一杆就想打好一点、打远一点，想把它弥补回来"，"想下一单夺回来，所以冒更大的风险，然后又砸了"。

而想长远则完全是段永平思考的底层逻辑，充斥在他与网友的日常交流中。如果能仔细消化这些"碎碎念"，便能充分理解段永平口中"简单但并不容易"的理性。例如 2023 年末，在被问到"苹果做影视内容是否不务正业"时，段永平的回答是："非常符合苹果的生态。Vision Pro 出来后，影视作品的空间也许还会更大一些。苹果只是在给自己的产品提供内容。"而作为最传奇的茅台股票长期持有者，"可不可以卖"也是他最常遇到的提问。在段永平看来，清仓茅台从来"不是问题"，问题是拿回来的钱最后要去哪里？如果回答不了这个"下一步"的问题，那么卖掉茅台就不是一个理性行为。

2024 年 10 月初，段永平宣布自己结束了一个代管投资账户，并公布了他最新的"退休计划"[1]："未来几年会逐渐关掉大部分帮人管钱的账号"。有意思的是，除了"想多打球"，回答"球友[2]"们的提问，似乎也在他对未来生活的规划之中。他说："大家还有很多年可以自己学习，需要的话还可以问我。"[3]

从成功企业家到传奇投资者，段永平以自己为笔所写下的"敢为天下后"，似乎有了新的内涵，即对理性和未来的洞察和致敬。不看未来无法理性，不言理性无以未来。就像他带出了陈明永、沈炜、金志江、黄铮、刘作虎、李杰等新锐企业家一样，或许人们已经开始期待，段永平的下一个传奇角色，会在更广泛的社会公益领域以身体力行的方式传递思想、启迪人心。

---

[1] 大道无形我有型，雪球，https://xueqiu.com/u/1247347556，2024 年 10 月 6 日

[2] 指在雪球平台上关注他的人，特别是与他互相关注的用户。

[3] 大道无形我有型，雪球，https://xueqiu.com/u/1247347556，2024 年 10 月 6 日

段永平大事记

1961 年	段永平出生于江西。
1978 年	考入浙江大学无线电系。
1982 年	被分配到北京电子管厂。
1986 年	考入中国人民大学经济系（未获得学位）。
1989 年	担任日华电子厂厂长。
1991 年	推出小霸王游戏机，并成为首款在央视投放广告的游戏机。
1993 年	推出小霸王第一代学习机（SB—218 型）。
1994 年	推出兼具游戏与学习功能的小霸王第二代学习机（SB—486 型），邀请成龙为其代言，一跃成为当时的爆款产品。
1995 年	小霸王公司产值突破 10 亿元；同年，因与集团经营理念不合，段永平辞职，并在东莞创立步步高公司。
1996 年	第一次参与央视黄金时段广告竞标，并以 81234567.89 元的高价夺得暗标。同年 10 月，通过了 ISO9002 国际质量体系认证。
1997 年	步步高增设 AV 产品事业部，致力于研发与生产 VCD 类、DVD 类系列产品，正式进军影碟机市场。
1998 年	以 1.59 亿元夺得央视"标王"。
1999 年	通过 ISO9001 国际质量体系认证，同年以 1.26 亿元夺得央视"标王"。

1999 年	段永平按照人随事走、股权独立、互无从属的原则，对步步高集团进行了重大改制，重新成立三家独立的公司：步步高教育电子、步步高通信科技、步步高视听电子。同年，段永平以其"明晰的远见和创新能力"，被《亚洲周刊》评为亚洲 20 位商业与金融界"千禧年"行业领袖之一。
2001 年	退居幕后，以投资人的身份对"步步高"进行控制。同年，移民美国。
2001 年底	以每股 1 美元左右价格重仓买入网易股票。
2003 年	为真正了解美国上市公司的运营情况，段永平入股美国企业 Fresh Chioce，成为第一大股东。
2005 年	与妻子刘昕设立家庭慈善基金，专注教育事业。
2006 年	向母校浙江大学捐资 3000 万美元，支持教育事业。以 62.01 万美元在网上拍得与巴菲特共进午餐的机会。
2007 年	以其先父段锡明的名义，向其先父工作过的学校——南昌工程学院（原南昌水专）捐资 500 万美元。
2008 年	在中国注册心平基金，用于教育事业捐助。同年，为四川汶川地震灾区捐款 300 万美元。
2009 年	利用金融危机机会，低价、重仓买入美国通用电气股票；同年，再次向母校浙江大学捐赠人民币 760 余万元，继续支持浙江大学等额配比基金。
2010 年	段永平夫妇向中国人民大学捐赠 3000 万美元；同年再次向母校捐款 350 万元人民币。

2011 年	在苹果公司股价不断攀升之时，率领 OPPO、vivo 员工一起重仓苹果，甚至大胆预言苹果可能会成为全球市值过万亿美元的公司。 "2011 大学校友捐赠排行榜"发布，浙江大学、中国人民大学"双料校友"段永平以 4.47 亿元捐赠额位列榜首。
2012 年	以每股 180 元到 120 元不等的价格，陆续买入茅台的股票，并持有至今。
2013 年	将珍藏的三瓶茅台酒送去检测，结果显示其中一瓶塑化剂（DEHP）含量超标，消息一出，贵州茅台当日股价大跌，段永平陷入"做空茅台"风波。
2016 年	接受彭博社专访，段永平首次谈及，在中国智能手机市场，OPPO 与 vivo 两个品牌如何打败了苹果，他们的策略是生产配备高端功能的廉价设备，这已被市场验证是有效的。
2018 年	在斯坦福大学与华人学生对话交流，分享自己创业及投资的理念。
2019 年	以 110 亿元财富位列《2019 LEXUS 雷克萨斯·胡润百富榜》第 351 位。
2020 年	以 75.0 亿元财富位列《2020 新财富 500 富人榜》第 420 位。
2022 年	向母校浙江大学捐赠近 1.7 亿元支持紫金港校区西区公共教学楼建设；同年再次捐赠 1 亿元，专项支持母院——信息与电子工程学院新大楼建设。
2023 年	向香港中文大学（深圳）数据科学学院捐赠 1600 万元，设立"段永平数据科学奖学金"；向浙江大学教育基金会进行大额捐赠，合计超 10 亿元。
2024 年	向中欧教育发展基金会捐赠价值 1 亿元证券。

段永平商道智慧

段永平在斯坦福大学的交流实录

（一）对你来说什么东西是最重要的？为什么？

段永平：不同年龄答案是不同的。现在是家人、亲情、友情。这还需要说为什么吗？

（二）没有销售部，那你的价格决策机制是什么？

段永平：做市场调研，在上市的时候就尽可能定准价，错了及时调整。（电子产品）竞争的本质在于产品差异化，要做别人提供不了的东西。没有差异化，就成了日用基础商品，只能靠价格来竞争，很难挣钱。

（三）你有没有试图改变过性格和思维方式？

段永平：我觉得没有，性格很难改。中欧有个统计，世界500强的CEO中什么样的性格都有，而他们只有一个共性，就是 integrity（诚实）。

（四）中国民营企业应该怎么应对贸易战的挑战？

段永平：最主要的是取决于企业本身，做得好，有没有贸易战都无所谓。很多做得不好的企业，会拿贸易战当遮羞布。好的企业，危机来的时候，反而是机会。我们不贷款，有充裕的现金流，所以每一次危机来的时候都是机会。

（五）投资早期企业的逻辑是什么？

段永平：我不投早期，只投上市企业。投黄峥是因为个人原因，他是我朋友，我了解他、相信他。黄峥是我知道的少见的很有悟性的人，他关注事物本质。

（六）谈一谈营销方法论。

段永平：（外界）有个误解，以为我们很看重营销。其实对于我们来说，营销一点儿都不重要，最重要的还是产品。没有哪家公司的失败，是因为营销失败。公司失败，本质都是因为产品的失败。当然我不是说不要营销，事实上我们营销做得很好。营销，就是用最简单的语言，把你想传播的信息传播出去（给你的用户）。

我这里是要强调，营销不是本质，本质是产品。营销最重要的，就是不能瞎说。企业文化最重要。广告最多只能影响20%的人，剩下80%是靠这20%影响的。营销不好，顶多就是卖得慢一点，但是只要产品好，不论营销好坏，20年后结果都一样。

（七）中国品牌在新兴市场国家有哪些机遇？

段永平：这个我不太懂，但我不觉得会有太大差别，都是要关注用户的需求。平常心，就是回到事物的本原。

（八）巴菲特饭局上发生了什么？

段永平：我做公益，老巴（巴菲特）也做公益。我直接捐出去，和通过老巴捐出去是一样的，所以就拍下了巴菲特午餐，只当做公益了，还能向老巴学习。不一定要吃饭，看老巴在网上的视频、讲话、股东信，就可以了。老巴（说）的东西，逻辑上很顺，听起来像音乐一样享受。

（九）现在手机（企业）有两种模式，一是小米这种先圈用户，再通过其他方式变现；二是苹果这样，靠产品本身赚钱。哪种好？

段永平：首先，圈客户的角度，苹果比小米厉害；其次，长远来看，没有什么企业是靠便宜赚钱的。性价比，都是给自己找借口。一定要把重心聚焦在用户上，也不是我们非要做高端还是低端，只是把自己能做的事情做好了，满足了一部分人群的需求。即使苹果，也没有满足所有人。

我们早年经常提性价比，直到有一次我跟一个"中国通"的日本人谈合作，说到我们的产品性价比高时，对方很困惑地问道，什么是性价比，是"sex-price ratio"吗？我当时就愣了一下，觉得日本人的词典里似乎是没有性价比这个东西的，之后又花了很久才悟到，"性价比"实际上就是性能不够好的借口啊。我希望我们公司不会再在任何地方使用这个词了。

（十）未来的投资／创业趋势。

段永平：这个问题对我来说有点儿难。我个人不太关心前沿的东西，我一般比较滞后，看懂了好的公司再投。前沿的东西，是苹果这类公司关注的，我做的是找到苹果这样的公司。

（十一）这么多手机公司，为什么苹果最成功？

段永平：苹果很难得，focus（聚焦）在自己做的事情上。苹果有利润之上的追求，就是做最好的产品。苹果文化的强度很强，有严格的"Stop Doing List"，一定要满足用户，一定做最好的产品。我们不和苹果比，因为 1000 个功能里面，有一些比苹果强，说明不了什么。就像 CBA 篮球打不过 NBA，说我们会功夫，不是扯嘛！

（十二）社交方面的"Stop Doing List"与投资的关系。

段永平：我是 anti-social 的，社交很累，很费时间。泛泛的社交里朋友太少，看起来认识很多人，其实很难深入了解。有时间我更喜欢去打打球。我投资只是爱好，average（平均）能 beat （打败）S&P。

（十三）为什么说"敢为天下后，后中争先"？

段永平：所有的高手都是敢为天下后的，只是做得比别人更好。我们公司成功不是偶然的，坚持自己的"Stop Doing List"，筛合伙人，筛供货商，慢慢地就会攒下好圈子，长期来看很有价值。

敢为天下后，指的是产品类别，是因为你猜市场的需求往往很难，但是别人已经把需求明确了，你去满足这个需求，就更确定。

（十四）有没有过一些投资错误？

段永平：投资没犯过错误，投机犯过。投机百度的时候被short squeeze（夹空）了，亏了1亿~2亿美金。我学老巴：想不通的我不碰，肯定会错失很多好机会，但是保证抓住的都是对的。投资遵循老巴的逻辑：先看商业模式，理解企业怎么挣钱。95%的人投资都是focus在市场上的，这就是不懂投资。一定要focus在生意上。公司是要挣钱的。

（十五）什么时候卖苹果，为什么？

段永平：好公司是不需要卖的！

（十六）你来美国后，能力圈有什么提升？

段永平：能力圈不是拿金箍棒在地上画个圈，说待在里面不要出去，外面有妖怪。能力圈是：诚实对自己，知之为知之，不知为不知。有这样的态度，然后如果能看懂一个东西，那它就是在我能力圈内，否则就不是。

苹果1万亿市值？我从来不关心这个，我只关心它赚钱的能力。买公司，是不打算卖的，除非它盈利能力改变，或者有更好的标的，自己很懂，价格又很低。

（十七）怎么看待创业的"坚持了才有希望"和"Stop Doing List"？

段永平："Stop Doing List"说的是做对的事，如果知道错了，马上要改。创业依然适用。至于怎么做对，那是方法层面的，可以通过学习来解决。

要是不知对错，就是没有是非观，那这辈子很难有成就。是非观是要自己培养、坚持的，没有shortcut。比如抽烟，很多人不戒烟，不是因为不知道它不好，而是抵抗不了短期诱惑。

（十八）为什么不见媒体？

段永平：不希望给公众留下我掌控公司的印象，抢了 CEO 的成就感。不抢他们的功劳，这很重要，因为事实上我本人已经 10 多年没有在一线了，如果我还是 CEO 的话，公司很可能做不了这么好。

（十九）你主张不贷款，不用 margin，错过了机会怎么办？

段永平：贷款和用 margin，赚的时候快，赔的时候更快。常在河边走，哪能不湿鞋，湿一回鞋就湿一辈子，为什么要冒这个险呢？（有些机会总是要错过的，只要保证抓住的是对的就足够了。）我们过去的大部分竞争对手都消失了，我们还健在，道理也许就在此。

（二十）你怎么看待智能手机行业？

段永平：我不懂。但是我知道，好东西不需要推广，你看智能手机一出来，很快就普及开了。如果你的东西推出去没有很快抓住用户，肯定是不够好，一定要回来好好思考，想自己的问题。

（二十一）对职场新人职业发展的建议。

段永平：做好本职工作，不要跳来跳去。硅谷很多人喜欢跳槽，但是在苹果干 30 年，比跳去大多数创业公司结果都要好。

（二十二）如何看待创业？

段永平：如果自己都不懂自己在做什么，要让投资人相信你是不可能的。黄峥有一点特别好，会不停地问这个是什么意思，这个是什么意思，关注问题本质。

（二十三）企业文化。

段永平：企业文化就是 Mission、vision 和 Core Values。"Mission"是为什么成立；"vision"是我们要去哪里；"Core Values"是哪些事情是对的，哪些事情是不对的。

招人分合格的人和合适的人。合适是指文化匹配，合格是指能力。价值观不 match（匹配）的人，坚决不要。给公司制造麻烦的，往往是合格但不合适的人。一群合适的普通人在一起，同心合力也能干大事。

（二十四）怎么看待中国企业爱弯道超车？

段永平：Alaska 有句话，shortcut is the fastest way to get lost（捷径是迷路的最快的办法。）不存在什么弯道超车的事情，关注本质最重要！不然即使超过去，也会被超回来。

（二十五）怎么判断股价便不便宜？

段永平：这是关注短期、关注市场的人才会问的问题。我不考虑这个问题。我关注长期，看不懂的不碰。任何想市场、想时机的做法，可能都是错误的，我不看市场，我看生意。你说某只股票贵，How do you know？站在现在看 10 年前，估计什么都是贵的。你站在 10 年后看现在，能看懂而且便宜的公司，买就行了。

（二十六）怎么理解"Stop Doing List"？

段永平：主要讲的是做对的事情。它不是一个 skill（技巧）或者 formula（公式），而是思维方式：如果发现错了，就立刻停止，因为这个时候成本是最小的。我不能告诉你对错，怎么判断对错，要自己积累。

不该骗用户，不该骗投资人，每句话都是一个 promise（承诺），这你应该是知道的。你去找投资，说没生意，没 skill，什么都没有，那你去找你爸。你总得有点儿什么，才能见投资人吧。如果你自己都搞不清楚要做的事，让投资人怎么相信你？

至于怎么把事情做对，要花时间去培养 skill sets。坚持"Stop Doing List"，厉害是攒出来的。OPPO 跟苹果比，我们在做对的事情上是一样的，但是在把事情做对上可能有些差距。但我们有积累。我们比大多数公司厉害。

"Stop Doing List"没有 shortcut（捷径），要靠自己去积累，去攒，去体悟。stop doing 就是发现错，就要停，时间长了就效果很明显。很多人放不下眼前的诱惑，30年后还在那儿。错了一定要停，要抵抗住短期的诱惑。

（二十七） 在硅谷怎么更好地带娃？

段永平：最主要的，要给孩子安全感。怎么给？就是给 quality time，就是高质量的陪伴，跟他们交朋友。高质量的陪伴，就是待在一起，把手机藏起来。

要无条件地爱。中国人容易有条件地爱，"你得了第一，爸爸很爱你啊"，这两句话绝对不能放一起说。中国人也爱到处夸孩子得了第一，这容易给孩子压力。孩子会想：我得第二，你是不是就不爱我了？我带孩子，坚持尽量不对孩子说 NO，除了大是大非，涉及边界的事，其他的都让孩子大胆地探索。

（二十八） 怎么看待老巴？

段永平：老巴是一个很好的人。他是发自内心地对人好、对人诚恳。他很睿智，任何复杂的问题，他一两句话就说到本质了。他这么睿智这么成功又对人这么好，中国企业家里我基本没见过这样的，美国企业家里也极少。

（二十九） 为什么卖网易？

段永平：因为丁磊就是个大孩子，那么多钱放他手里不放心，虽然股价证明我可能卖错了。

（三十）如何建立长期友谊？

段永平：就是和人真诚打交道。我跟老巴学到的，人一辈子最重要的是友谊。所以要对朋友宽容，要友善，要诚实。但他也没说要有很多朋友，能有一打好朋友就足够了。

（三十一）怎么把 culture（文化）传承下去？

段永平：没有特别的秘诀，主要在于选择，找到同道中人。因为你是没有办法说服不相信你的人的。不相信你的人，你跟他说话的时候，他的眼神是飘的，你能看出来。然后就是年年讲，月月讲，天天讲，靠年头淘汰掉不合适的。

（三十二） 怎样选人，包括合伙人、员工？

段永平：一次就找对那是运气。主要是要有标准，该淘汰淘汰，该散伙散伙。知道错了，要有停止的勇气。越早停止，代价越小。

（三十三）举个你的"Stop Doing List"例子。

段永平：我想的都不是眼前的。我是学无线电的，但我没有干这个，因为这不是我爱干的事。当年研究生毕业时找的工作说你多少年能当处长，两年能分房子，鸡鸭鱼肉有得分。但是我没有兴趣，所以我离开了。后来去的佛山无线电八厂，当年这个只有几百人的公司招了100个本科生、50个研究生。大家都不满意，很多人都想走。结果我离开两年后小霸王都做出来了，回去一看，那帮人都还在。

很多人说"我没有找到更好的机会"，其实是他们没有停止做不对的事情的勇气。所以 stop doing 的意思，就是发现错了就要马上停，不然两年后，可能还是待在那个不好的地方。我一直想的是长远的事情。很多人都是在眼前的利益上打转，他30年后还会在那儿打转。

（三十四） （价值）投资最重要的是什么？

段永平：right business，right people，right price。（对的生意，对的人，对的价钱。这是老巴说的。）对的生意说的就是生意模式，对的人指的就是企业文化。price 没有那么重要，business 和 people 最重要。culture 跟 founder（创始人）有很大关系。business model 就是赚钱的方式，这个是你必须自己去悟的，我没法儿告诉你。就像如果你不打高尔夫，我是无法告诉你它的乐趣的。

（三十五） 创业该怎么坚持？

段永平：我的理解很简单，如果你坚持不下来了，就坚持不下来了。你坚持下来的东西，肯定是你放不下的，到时候你自己会知道。

（三十六） 怎么看比特币／区块链？

段永平：我对不产生现金流的东西，不感兴趣。区块链我不懂，不懂不看,不懂没法下重注。但是我看不懂,不代表你看不懂,你要投自己能看懂的。

(三十七) 怎么发现并保持平常心?

段永平:保持不难,因为它就在那儿(是内心已经有的东西)。不过,马云还说过一句话:"平常人是很难有平常心的,所以平常心也是不平常心!"发现嘛,靠吃亏。因为没有平常心,一不 rational 就会栽跟头。

(三十八)怎么找到喜欢做的事?

段永平:你如果总是待在自己不喜欢的地方,你可能永远都不会知道自己真正喜欢什么。所以发现错的事情,就要停。多去尝试,去寻找。做自己喜欢的事,就没有加班的概念了,因为你会想尽办法工作。

(三十九) 我觉得失败是必然的,成功是偶然的,对吗?

段永平:成功肯定是有原因的。

(四十) 如果有机会再活一遍,什么事会做得不一样?

段永平:不知道,没想过这个问题。可能少喝点红酒?

(四十一) 最想给儿子说什么?

段永平:说什么都没有用,做什么才重要(最重要是做什么)。(这是老巴说的)

(四十二)怎么发现对或不对的事情?

段永平:要有时间想。可能会想很久,有一天突然灵光一现,想明白是错的或对的。我们当年想小霸王的广告词,想了半年才想顺词。很多人一天到晚忙,根本没时间想,可能永远都不会明白。

(四十三)你是怎么找到你们公司的产品的 mission(使命)的?

段永平:产品角度,是慢慢摸索出来的,发现不对,赶紧停。比如苹果的充电器,说了一年了,今年没推出来。没推出来,肯定是有问题没解决。没解决就不推。

(四十四)男怕入错行。将来会火的、自己擅长的和自己喜欢的,选哪个?

　　段永平: 如果你知道: 会火的＋擅长的＋喜欢的,那肯定做那一行。问题是这很难知道,所以优先做自己喜欢的。钱多不是好事,因为挣钱是一个很大的乐趣,钱多你就失去了一个很重要的乐趣。钱差不多就可以了,做自己喜欢的事更重要。

　　(四十五) 苹果手表心电图 FDA 认证有价值吗?

　　段永平: 当然有啊,首先吸引眼球,让人知道啊;其次,有了认证,医生才会承认啊。

　　(四十六)人机交互的下一个突破口。

　　段永平: 我不知道。但是机器肯定越来越强,人已经在围棋上输了,做投机你也打不过机器。但是在投资上,机器永远打不过人,因为机器看不懂公司。

　　(四十七)怎么对待差异化定价(给不同的客户不同的价格)?

　　段永平: 价格不一致,一是他们迟早会发现;二是客户发现能议价,会想尽办法跟你讨价还价,浪费你很多时间,这都是麻烦事。价格一致,会省很多麻烦。做产品主要是要抓住客户的需求,而不是价格。可以看看空客的 John Leahy。

　　(四十八)黄峥的什么(优势)让你投他?

　　段永平: 我和黄峥 10 多年的朋友了,我了解他,我信任他!

(摘自网络)

后 记

作为80后，小霸王、步步高的产品在某种程度上见证了我的成长，从小霸王游戏机到学生电脑，从VCD、无绳电话、DVD、复读机到OPPO、vivo等智能手机，而如今我的侄女戴上了小天才电话手表。一个品牌、一家企业，从方方面面影响着几代人的生活与学习，而小霸王、步步高的创立者——段永平的商业思想又影响了这些知名品牌的企业创始人。

这引起了我对段永平的极大兴趣，遗憾的是，目前市面上还没有关于他的传记。段永平本人刻意保持低调，尤其是移居美国之后，鲜少接受媒体采访，在搜集他的资料时遇到了一些困难。虽然段永平不喜欢直面媒体，但是会去大学演讲，也喜欢在博客里分享观点与经验。同时，媒体上关于他的创业历程、投资理念的传播文章也不在少数，让我有了基本的写作素材。

随着了解的深入，我发现自己找到了一位"宝藏企业家"。从某种程度上讲，段永平可谓年少得志，即便是退居二线之后也依然保持着理想与本分。他说自己"胸无大志"，最大的财富是快乐，对行业、对市场，他就像一位旁观者，始终保持着冷静与清醒。他提出的"敢为人后""本分""平常心""不为清单"等理念，不仅促成了他的成功，也成为段氏门徒创业成功的重要基础。每一个理念的背后都有一段精彩故事，不论时代如何变换，段永平的商业思想都值得每一位为梦想奋斗的人深思。

我按照时间脉络写下这本传记，是希望更多的人了解这位低调神秘的传奇人物的人生历程，并能从中获得一些启发。

本书的写作及出版，得到了许多朋友不同形式的帮助，感谢我的家人的理解与支持。

感谢润商文化杨雅倩等老师的指点和润色，感谢团结出版社，感谢所有读者，感谢所有帮助过我的人。

2024年10月，主编陈润老师组织对本书进行修改、完善，由财经作家刘戈老师在原作基础上对第九章、第十章等内容进行重新创作，在此一并表达感谢！

参考文献

杨祖荣：高考恢复第一年：录取比 1 比 29，《新校园：阅读版》，2011 年第 6 期。

段永平：我为什么要去读书？《战略与管理》，2001 年第 8 期。

刘海峰：77、78 级大学生的命运与作为，《光明日报》，2012 年 7 月 25 日。

刘洲伟：段永平 不做"小霸王"，《中国企业家》，1998 年第 4 期。

段永平：低调大佬，摘自龙源期刊网，2019 年 5 月。

吕萍：段永平 品牌之王，《国际人才交流》，1999 年第 12 期。

方珍平：成龙拍广告，《视听界》，1995 年第 4 期。

李光斗：小霸王学习机的广告策划，《科技智囊》，1997 年第 7 期。

刘宏君，桑梓：段永平：守住本分！《中外管理》，2002 年第 5 期。

綦书环：段永平自诉当年跳槽，《光彩》，2001 年第 2 期。

邹洪：段永平追逐世界节奏——步步高总经理访谈录，《经营者》，2000 年 8 月。

段永平：招标年年来，效益步步高，《中国广告》，2002 年 11 月。

燕涛、黄江伟：第二代中国企业家的崛起（下）——牛根生与段永平的末路比肩，《销售与市场》，2005 年第 10Z 期。

詹金平：中国影碟机 (VCD) 市场分析，《中国流通经济》，1998 年第 1 期。

徐敏：从VCD到DVD：当代中国数字音像文化的源起，《文艺研究》，2017年第11期。

王璞：敢为人后 后来居上——步步高的竞争策略，《中国物流流通》，2001年第18期。

孙玉红：段永平妙语"平常心"，《羊城晚报》，2001年2月10日。

韩磊：下一手——广东步步高电子工业有限公司采访记，《中国质量技术监督》，2000年第8期。

段永平：独步登高，《成功》，2002年第7期。

王璞：敢为人后 后来居上——步步高的竞争策略，《中国物资流通》，2001年第18期。

郑国军：开拓进取 步步登高——记广东步步高电子工业有限公司，《东莞科技》，2000年第2期。

段永平：五问段永平，《中欧商业评论》2013年5月刊。

东方愚："中国巴菲特"钟爱女摄影记者，商界网，2018年9月。

谢礼珊、杨莹：构筑支持授权的企业文化，《中外企业文化》，2002年第15期。

和阳：段永平的影子，《创业家》，2013年第7期。

项一诚、邱舢：60后段永平：从企业家到幕后教父，《国企》，2018年第9期。

张祖珍：段永平，照巴菲特说的做，《新财富》，2006年第8期。

李岷：段永平的美国路，《中国企业家》，2007年第3期。

小清马：人生赢家段永平，《金色年华》，2016年第15期。

橡子：段永平再创投资奇迹，《企业家信息》，2010年第4期。

朱健："中国巴菲特"的投资法则——访步步高集团董事长段永平，《浙商》，2009年第12期。

段永平：由穷书生变身国际投资者，《企业研究》，2010年第5期。

李佳南：中国市场下C.K.普拉哈拉德金字塔底层理论研究——以